家庭是人生的第一个课堂，父母是孩子的第一任老师。广大家庭都要重言传、重身教，教知识、育品德，身体力行、耳濡目染，帮助孩子扣好人生的第一粒扣子，迈好人生的第一个台阶。

——摘自习近平总书记在第一届全国文明家庭表彰大会上的讲话

4 岁孩子的发展手册

4 岁父母的成长手册

中国"家庭·家教·家风"教育丛书

4岁孩子 4岁父母

4~5岁

北京师范大学家庭教育课题组◎著

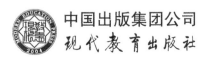

中国出版集团公司
现代教育出版社

图书在版编目 (CIP) 数据

4 岁孩子 4 岁父母 / 北京师范大学家庭教育课题组著 . –– 北京：

现代教育出版社 , 2017.4（2017.10 重印）（中国"家庭 · 家教 · 家风"教育丛书）

ISBN 978–7–5106–5037–6

Ⅰ . ① 4… Ⅱ . ① 北… Ⅲ . ① 学前儿童 – 家庭教育 Ⅳ . ① G781

中国版本图书馆 CIP 数据核字（2017）第 048088 号

4 岁孩子 4 岁父母（4～5 岁）

作　　者	北京师范大学家庭教育课题组
出 品 人	陈　琦
总 策 划	李　静
责任编辑	赵延芹　张一莹
封面设计	赵歆宇
出版发行	现代教育出版社
地　　址	北京市朝阳区安华里 504 号 E 座
邮　　编	100011
电　　话	010–64246373(编辑部) 010–64256130(发行部)
传　　真	010–64251256
印　　刷	北京佳信达欣艺术印刷有限公司
开　　本	889mm×1194mm 1/16
印　　张	16
字　　数	200 千字
版　　次	2017 年 4 月第 1 版
印　　次	2017 年 10 月第 4 次印刷
书　　号	ISBN 978–7–5106–5037–6
定　　价	39.00 元

专家推荐序

家庭　家教　家风

　　家庭教育，即"人之初"的教育，是儿童接受教育的重要途径，是实现他们社会化的必由之路，在儿童形成良好的思想品德和行为习惯方面起着"形塑"的作用，在培养儿童的社会适应性方面发挥着决定性的作用。因此，家庭教育历来受到人们的高度重视。

　　当前，市场经济的发展，不仅对家庭教育产生了巨大的影响，而且也对其提出了新的要求，于是家庭教育中出现了许多前所未有的新情况、新问题和新课题。长期以来，家庭教育的思想观念和方式方法几乎都是从父辈的"武器库"里继承而来。在过去，这种做法尚行得通。在社会急剧变革的今天，社会生活发生了深刻的变化，如果还全盘照抄传统的家庭教育的思想和模式，恐怕就行不通了。父母们受"望子成龙"的心态所驱，对子女的期望过高，急于求成，往往被子女教育中的诸多问题困扰。不少家长反映：老方法不灵，新方法不明。在教育子女的过程中束手无策，一筹莫展，迫切希望得到有效的指导。

　　广大家长急需理论和实践指导的需求无形中造就了巨大的市场。有些从未从事过任何教育实践、根本不懂得家庭教育理论的"门外汉"，用商人的眼光发现了家庭教育这个潜力巨大的市场，便趋之若鹜，纷纷投身到这个行当中来，通过商业的"炒作"和媒体的"忽悠"，摇身成为"家庭教育专家"，或是洋洋洒洒地做家庭教育指导，或是像"佘丸子"一样著书立说。如今，市场上家庭教育指导方面的书籍琳琅满目、五花八门。但真正有价值的家庭教育著作却凤毛麟角。那些家庭教育科学普及的图书，绝大多数是"急就篇""拼凑篇""绝招篇""经验篇"，在科学性和实用性上存在严重问题，给许多家长造成思想混乱，令人担忧。基于此，许多家长希望有人编写真正科学、系统的家庭教育读物，以正视听，以便把家庭教育建立在科学的基础之上。

当今时代，人们的心态比较浮躁。这种心态同样也反映在家庭教育的理论研究和实践指导上。许多理论工作者和实践指导者缺乏"板凳甘坐十年冷"的精神，急于出成果，见经济效益，结果在汹涌澎湃的市场经济大潮中失去了自我、迷失了方向。他们不是在理论研究上下"真功夫"和"苦功夫"，而是把功夫都用在了"商业炒作"和"创品牌"上；不是把社会效益放在首位，而是看重经济效益。

令人高兴的是，还有一批具有高度责任感、拥有真才实学的学者，没有辜负社会和万千家长的热切期望。他们深入实际调查研究，沉下心来认真钻研家庭教育的理论问题，探索家庭教育的规律，尽自己所能，为发展和繁荣我国的家庭教育事业奉献一份力量。以尚立富为首的北京师范大学家庭教育课题组，以"从夫妻、家庭、社会多元视角，探索中国本土家庭教育模式"为宗旨，以"引导父母学会观察、理解不同年龄段孩子身心发展规律的知识、现象及技巧，同步提升为人父母的能力与技巧，与孩子同步发展"为目的，研发了中国"家庭·家教·家风"教育丛书。我很高兴看到他们能根据家长和社会的需求研发这样一套作品。

该丛书依托于儿童教育学、儿童心理学和社会学的学科知识，提点出不同场域中成人对孩子的影响，将家风建设很好地融合在整套书中，从孩子、夫妻、家庭和社会这四个维度探讨父母对孩子的教育。它不是单纯的说教，也不是与大家分享借鉴性不大的个人育儿经验，而是系统地提出了一种全新的育儿理念。我相信，在多学科理论知识和多维度基础上编写的这套丛书，一定会对家长们有所启发。

特此推荐，是为序。

赵忠心

中国教育学会家庭教育专业委员会名誉理事长

中国家庭教育学会原副会长

2017 年 3 月 20 日

前　言

不误会孩子　不误导父母

《2014中国城乡家庭教育现状白皮书》对10.83万名中小学生、幼儿园幼儿及家长进行了问卷调查。数据显示，不知道教育方法的家长占37.82%，没时间教育孩子的家长占26.19%。超过一半的家长表示，当孩子出现问题时，希望能得到专业帮助，并且有81.4%的家长认为家庭教育有很多学问，需要学习和培训。然而，目前社会能提供给家长系统学习家庭教育理念及方法的渠道还不足以满足家长的现实需求。其中，家长通过书籍学习的占30.53%，自己摸索的占21.85%，朋友交流的占18.01%，从媒体获取知识的占13.16%，从家长会渠道获取的占12.71%。调查显示，89.09%的家长已经意识到孩子身上表现出的问题源于家庭教育。

当今，我们为什么需要高质量的家庭教育？而且这件事又显得那么急迫？每个家长提起孩子都或多或少显得无奈和手无举措，到底是哪里出了问题？

教育源于家庭，在我国传统的社会家庭中，父母的教养更多的是告诉孩子做人必须坚守的道理和原则，并为孩子提供一些物质方面的供给。那时的社会环境和家庭条件给了孩子很大的发展空间，孩子的很多意识习惯、行为规范都是在父母的言传身教，以及与兄弟姐妹、亲戚朋友、左邻右舍之间的游戏、交往和日常生活中完成的，逐渐长成为有着自己的兴趣和爱好、有着自己坚持的生活态度和原则、也有着自己引以为豪的进步和成就的社会人。

如今，中国社会仍处于转型期，人口流动量大，城镇化快速发展，独生子女的一代逐渐成了新一代的人父人母，这让存在于生活中的真实的朋友圈越来越狭窄，每个小家庭关上了门就"与世隔绝"。这给新一代的年轻父母在教养子女方面带来了很大的困惑，他们认为"生存就必须具有强大的竞争力，所以孩子就应该从小教育，而且越小投资对孩子未来发展越好……"。

于是，胎教、早教、兴趣班、艺术教育、外语教育等各种为孩子未来投资的活动开始了，父母害怕在竞争激烈的今天自己的孩子输在起跑线上，"义无反顾"地替孩子做主，让孩子从小走进技能和知识的世界，满心欢喜地为他们关闭了意识态度、行为习惯养成的大门。然而，仅存下来的对孩子社会适应能力的说教，远不够帮助他们处理好各种社交问题。育儿问题带来的焦虑更让家长们深陷亲子关系、夫妻关系及隔代关系的矛盾中，结果则是传统的社会人伦关系被抛弃，最终让我们生活在无序的生活中。

无序的生活又怎能熏陶和培育出一个有序的孩子？我们到底应该怎样做，才能客观地认识孩子发展的科学规律，发现并给予他们最好的引导，创建积极、稳定、有序的家庭环境，让孩子更好地去适应未来的生活？

基于我们国家的家庭教育的现状，这套丛书从四个维度进行了研究和梳理：

第一部分：儿童。帮助父母了解儿童在不同年龄阶段的发展特点和规律，减轻不必要的育儿焦虑，不再被孩子出现的问题所迷惑。

第二部分：父母。帮助父母了解不同年龄阶段儿童的教养原则，掌握儿童发展的各个关键期及关键引导方法，梳理家庭教育的热点、难点问题，帮助家长成为有辨别力的教养行家。

第三部分：家庭。帮助家长重新认识家庭的教育力量及意义，正确处理家庭中的夫妻、亲子、同胞及隔代关系，营造积极、有序、适宜的家庭物质环境及心理环境，让儿童在良好的家庭文化中健康成长。

第四部分：社会。帮助家长正确认识儿童社会化发展的意义及规律，掌握在日常生活中提升儿童社会适应力的途径及方法，敏锐发掘并合理利用社会资源，让孩子在游戏和同伴交往中习得社会规范，成为一个自信、懂事、善良、被大家喜欢的孩子，为儿童逐步适应社会生活奠定基础。

本套丛书是为广大家长朋友提供的一套依据儿童发展特点制订的家庭教育指南，有以下几个特点：

1. **多学科的知识性、科学性和全面性**：客观、科学、全面地从生理、心理、家庭、社会等多学科的角度来解读儿童成长的特点。

2. **以人为本，坚持儿童发展的原则**：以儿童的自身发展需要为前提，兼顾社会要求，从儿童的现实生活和成长需要出发，解决儿童成长过程中可能出现的各种发展性问题。同时，注重儿童能力的培养，如生活自理能力、动手能力、反思能力、人际交往能力、良好行为习惯和良好性格的培养等。

3. **教育理念及方法的先进性**：将我国传统的家教文化和西方开放的教育理念相结合，注重儿童主动性和创造力培养的同时，将孝心、感恩等优秀的家教门风渗透到日常生活的教养之中。将儿童发展的重要性与父母成长的必要性相结合，帮助家长树立正确的儿童观、家庭观和发展观，成为更加优秀的自己，真正减轻家长的育儿焦虑。

4. **通俗易懂的可操作性**：化理论知识为育儿常识，说出父母心中的真实所感、所想、所惑，并用简单易懂的语言讲述最有效、最便捷的教育建议及方法。

随着儿童年龄的不断增长，《N 岁孩子　N 岁父母》（0～6 岁）这套书，希望可以伴随新一代的年轻父母，不断学习、观察、发现、理解儿童成长的一点一滴。与此同时，也希望可以伴随着父母们在一点一滴中同步提升自己为人父母的能力与技巧，成为与孩子同步发展进步的爸爸妈妈。

我们一直坚持着这样的理念开发了本套丛书：（1）不误会孩子：爱 TA，就要理解 TA；（2）不误导父母：爱 TA，就要帮助 TA。通过这套丛书，我们希望不仅可以帮助父母们获得家庭教育的相关知识，更希望经过多年的共同努力、共同成长，探索出适用于我国本土经验的，具有实践指导意义的家庭教育指导手册。

北京师范大学家庭教育课题组

2017.3.10

注：北京师范大学家庭教育课题组，是以儿童心理学、教育学、家庭教育学、社会学等多领域的跨学科理论为指导，以当前中国家庭教育的相关政策及实际问题为指向，致力于中国本土化的家庭教育研究，服务于家教体系完善、家教实践指导及家教政策倡导的专业研究团队。

尚立富博士，北京师范大学家庭教育课题组发起人，中国公益教育研究所所长。1998 年至今，关注并从事西部农村教育、公益教育等领域研究近 20 年，著有纪实报告《苦乐之旅》《行走西部》《隐痛与希望》等，主编教材《小学公益教育实践教程（1 ～ 6 年级）》。

本课题组联系方式：jiatingjiaoyu@bnu.edu.cn。

3～6岁孩子发展的关键特征

年龄	领域		
	身体和动作	认知和语言	社会性和情绪
3 岁 至 4 岁	● 生长速度慢，身高有增长 **大动作** ● 摆动手臂走路 ● 单脚平衡 ● 骑儿童三轮车并能掌握方向 ● 快跑 ● 快速并顺利爬不同楼梯 ● 过肩投球有精准度 ● 跳起来接球	● 按照单一维度对物体归类（如颜色、大小、形状） ● 按表象来判断数量 ● 一一对应 ● 背到 10 ● 理解数字代表数量 ● 注意广度增大；能注意到更多细节 ● 能执行包含 3 步的指令 ● 区分白天和黑夜 ● 喜欢并愿意参与读书和讲故事 ● 自我对话 ● 词汇量快速扩充	● 分享、轮流 ● 参与小组和合作游戏 ● 愿意让成人满意 ● 理解他人也会有想法、观点和记忆 ● 认为自己的想法、感觉和其他人的一样 ● 有一些性别刻板印象相关的看法和行为

（续）

年龄	领域		
	身体和动作	认知和语言	社会性和情绪
3 岁 至 4 岁	**精细动作** ● 自己穿衣服，偶尔需要帮助 ● 用剪刀 ● 能按照示例画直线和圆 ● 画简单的人物像	● 说4～5个词的句子 ● 理解关系词（在上面、里面、下面）	● 用肢体表达强烈的情绪（如愤怒时会去撞击）
4 岁 至 6 岁	● 腿脚长长；身体比例接近成人 **大动作** ● 大动作更迅速敏捷 ● 独自上下楼，倒脚 ● 倒脚跳	● 从他人的角度对空间进行表征 ● 制定计划并预期结果 ● 根据功能分类 ● 根据不止一个维度排序（如颜色、大小、形状、重量） ● 能区分现实和想象 ● 理解时间概念，如昨天、今天和明天；使用钟表和日历	● 与成人相比，更喜欢同龄儿童 ● 可能有特别的或最好的朋友 ● 可以用语言表达强烈的情绪 ● 情绪变化很快

（续）

年龄	领域		
	身体和动作	认知和语言	社会性和情绪
4 岁 至 6 岁	● 爬和跑的动作更熟练 ● 只用手和手指投球、接球 ● 运球、颠球 **精细动作** ● 用剪刀沿着直线切割 ● 按示例画三角形和十字 ● 握笔更熟练 ● 有优势手	● 背数到20，点数到10 ● 知道字母和数字不同 ● 记住一些字母和数字序列 ● 认识一些印刷文字 ● 讲出熟悉的故事 ● 对一些词下定义 ● 问问题并期望得到有信息量的答案 ● 大约有5000的词汇量	● 意识到自己的行为会对他人造成什么样的影响 ● 在游戏和活动中更具合作性 ● 为了避免消极结果会违背规则

目 录

第一部分
读懂你的 4 岁孩子

第1章　不肯守规矩的身体
　　——4 岁孩子的身体与运动发展

第2章　从幻想向真实过渡
　　——4 岁孩子的认知与能力发展

第3章　"我"还是宇宙的中心
　　——4 岁孩子的情绪与个性发展

第4章　走出自我小天地
　　——4 岁孩子的社会性发展

经过暴风骤雨般的3岁，4岁的孩子是手捧橄榄枝向你走来的一片绿洲，懂事且善解人意，甜蜜而又顺从，让你在无数个瞬间感动不已。这一年，是孩子身心发展的重要时期，他们不仅在外形上，而且在运动、语言、认知以及社会性方面都获得了更进一步的发展，成为一个能力非凡的"小大人"。4～5岁是"小孩子的大航海时代"，新事物和新境遇带给他们刺激和喜悦，他们喜欢像哥伦布一样四处探险。他们的内心单纯而明朗，还处在以自我为中心的魔幻世界，在现实与想象的边界来回游走。他们对父母的感情充满矛盾，既依恋又力图挣脱，很多时候不再和父母对着干。这一年龄段的孩子，其社会交往能力也明显提升，多数孩子在幼儿园和生活社区里都会有自己喜欢的朋友，他们也逐渐与老师建立依恋，会和成人交流自己的想法。

　　尽管如此，4岁的孩子还是会和你摩擦不断。说到底，他们还只是孩子，如果父母关注他们每天的进步，给予他们鼓励，这对孩子而言将是弥足珍贵的礼物。

第1章

不肯守规矩的身体

——4 岁孩子的身体与运动发展

4 岁的孩子浑身充满用之不竭的精力和热情，什么地方都想去，什么事情都想尝试，尤其是挑战父母规定的界限和范围。在安全意识和防范方面，他们已经超越了 3 岁的孩子，最明显的本领是将身体控制能力和视野调节范围更好地结合起来。他们最可爱的地方，就是在要冲破底线的最后一刻，回过头来，朝你露出的那坏坏的一笑。

"快"字当头的小旋风：大肌肉运动

运动能力全方位提升

时间过得真快，转眼孩子就 4 岁了！这是一个狂长个头的好年龄，孩子好像突然被拉长了一大截，有点"光长个儿不长肉"的感觉。绝大多数的 4 岁孩子，从身体外形来看更像棵"豆芽菜"，变得又高又瘦，伸展出更长的身躯和手脚，身体与头的比例稳定趋近成人。

与刚刚过去的 3 岁相比，他们的小身板变得更结实了，发展出更多的力量和耐力，能够完成一些颇具难度的动作，如翻筋斗和立定跳远，有的孩子甚至能双手抓杠悬空吊起 10 秒左右。同时，他们动作的稳定性和灵活性也逐渐增强。在成人的陪同下，他们能在较窄的低矮平衡木上平稳地走一段距离；也能通过助跑跨或跳过一定的距离和高度；亦能保持正确的站、坐和行走的姿势。然而，他们动作的准确性和自控力还不足，一些更复杂的动作，如连续跳绳、躲避他人扔过来的沙包等，对这个年龄段的孩子而言还具有一定的难度。

脱缰的"小野马"

4 岁的孩子总想往外跑，也经常不守规矩，我们经常会看到，4 岁的孩子到了户外就像一匹脱缰的小野马，撒欢儿似地来回蹿跑。这个阶段的孩子开始认识到，生活中还有其他更有意思、更好玩的事情，他们要做出一些特别的事情，来验证自己的能力和控制范围到底有多大。相比 3 岁的孩子，4 岁孩子的视觉范围拓宽了，但是相对于 5 岁的孩子而言，他们还难以把视线较长时间地聚焦在某一个点上。因此，4 岁的孩子具有一个明显的特征，即他们视觉发展的流动性，他们的兴趣会随着两个小眼珠不停地从一个事物转移到另一个事物，从一个地方快速地流动到另一个地方。大多数时候，除非是特别能够吸引他们注意力的事情，4 岁孩子的注意力都是跳跃的，他们总是给成人留下一种极其好动、极其不专注的印象。

喜欢试探父母的底线

正如上面所述，4 岁的孩子就像脱缰的小野马——好动且不守规矩，因此，孩子到了 4 岁，父母带孩子外出或陪孩子在家玩耍时，要警惕一切安全隐患。例如，父母需要频繁地提醒他们要注意自身安全，外出过马路时要牵着孩子的手，等等。总之，父母需要明确告诉他们安全的底线在哪里。实际上，经我们观察发现，大多数 4 岁孩子具有较强的安全意识。在大人喊停之前，有些孩子触碰父母的底线，只是想看看成人的最后底线到底在哪里。尤其是到了 4 岁半之后，很多孩子都渴望父母允许他们独立玩耍，而不希望父母像"直升机"一样时刻盘旋在他们身边。这既是 4 岁孩子要求独立的一种宣言，同时也是对家长规定的底线的一种试探。

信心开在指尖上：精细动作

"看家本领"越来越多

与前 3 年相比，4 岁孩子的精细动作的质量明显提高，他们既能灵活操作，又能坚持较长的时间。这一阶段的孩子可以独立做很多事情，这让他们在生活自理方面更加自信。在无成人协助的情况下，大多数孩子能自己熟练地使用筷子吃饭、穿脱衣服和鞋袜、扣纽扣、叠衣服，以及整理物品，少数孩子经过练习可以系鞋带。

4 岁孩子的手指力量较之前增强了，因而能够自由灵活地使用剪刀，并借助剪刀完成一些手工课的任务。例如，沿着各种线条的轮廓剪出图形，再把剪出的图形按要求贴在相应的位置。

他们热衷于玩各种需要发挥小指尖力量的游戏和活动，比如摆弄很多的小东西、用细线串珠、给芭比娃娃穿衣服、拼小块的乐高模型、把贴画用指甲抠下来、玩折纸游戏，甚至喜欢用指尖捏、拧和掐不同的东西。如果成人耐心指导，4 岁的孩子还能把饺子捏得紧紧的，让它们不会在锅里被煮"开花"；能用指甲剪给自己剪指甲；能完美无缺地完成涂色花，不再让颜色溢出；能自己拧开矿泉水的盖子，等等。这些都是他们在之前难以做到的。

手部力量带来新的快感

4 岁孩子的手掌和手腕也比以前更有力量。大部分 4 岁孩子能拎着一定分量的东西独立行走，也能平稳地端着一小盆水而不让水洒出来，有些孩子还能在成人的看护下用菜刀切西瓜、和面等。在户外活动时，他们喜欢在攀爬架上爬上爬下，就像灵活的小猴子，依靠双手的抓握力量来固定自己在攀爬架上的位置。这个阶段的孩子热衷于户外的骑行活动，不管是自行车、滑板车还是平衡车，他们都能依靠双手的力量对车把进行各种定位和把玩，尝试着把各种带轮的工具驾驭得游刃有余。少数孩子甚至不再借助辅助轮就能独立地骑两轮自行车了，他们可以把全身的平衡和速度全交由一副车把。这都是手部力量带给他们的快感与自豪。

哥伦布式的探险家：行为特征

对一切新奇充满探索欲

4～5 岁是"小孩子的大航海时代"，他们对世界的任何一个角落都感到好奇，并乐于探索。一切新奇的东西，如新的玩具、新的地方、新的朋友，甚至一句从没听过的话，都足以让他们全身心投入。尽管"内在的"他们依旧活在以自我为中心的世界里，但在"外在的"活动范围与兴趣追求上，他们的世界已经向外扩展了很多。因此，这个阶段正是所谓的"初生牛犊不怕虎"的冒险期，他们像哥伦布热爱新大陆探险一样，对一切新奇事物都充满激情。所以，如果带他们去没去过的地方、尝试玩新的游戏、结识新的朋友，这对他们来说真是比吃了蜜还甜。

与之前相比，4 岁的孩子变得越来越"外向"，他们向往家门外面的生活，喜欢户外的活动。只要是没去过的地方，他们都想去转一转，看一看，眼睛会像雷达一样搜寻新奇的东西。他们不在乎什么东西真正好玩，只是期待寻找到比现在的这个更好玩的东西，就好比是非洲草原上窥视斑马过境的猎豹，目光总是很快地从一只猎物身上迅速转移到另一只猎物身上。

在大自然中自由奔跑

孩子们的注意力切换得如此快，很多父母担心孩子没有定性，专注力会出现问题。实际上，如果你接触更多的 4 岁孩子就会发现，该年龄段的多数孩子就像屁股长刺的"小毛猴"，即使外表很安静，内心也总是涌动着不安分的洪流。发现新东西，找到新乐子，是他们每天的首要任务。因此，束缚孩子的手脚，不让他们自由自在地探险，要求他们安静地保持同一姿势，就如同给他们的身体和心灵戴上了重重的枷锁，4 岁的孩子是无论如何也不会答应的。如果此刻的你正为此烦恼，不妨多为孩子们创设到户外或大自然中活动的机会，让他们尽情地释放热情和能量，感受运动带来的愉悦。

跳大象舞的"蜡笔小新"：可爱又可怕的"性器期"

进入第一次"性趣高峰"

4 岁时，孩子们会进入第一次"性趣高峰"。通俗来讲，就是该阶段孩子身体发展的感觉焦点和注意力开始转移到生殖器部位，喜欢体验刺激生殖器所带来的快感，并通过生殖器区域来宣泄紧张情绪。如果父母用心观察就会发现，这个年龄的孩子在平常玩耍时，会像"蜡笔小新"一样喜欢玩弄自己的肚脐眼或小鸡鸡，也开始对别人的身体表现出极大的好奇与兴趣。例如，两个小密友在一起互相研究对方的身体；有的孩子喜欢看大人换衣服；有的孩子要求爸爸妈妈给自己再生小弟弟或小妹妹；有的孩子喜欢偷看别人蹲马桶；有的孩子向父母提出很多关于两性的问题，如"妈妈的乳房为什么比爸爸的大？""小女孩为什么蹲着撒尿，而男孩为什么站着撒尿？"等。

除此之外，4 岁的孩子还喜欢玩一些暗含两性内容的角色游戏。例如包含结婚、妈妈生宝宝、给宝宝喂奶等内容的过家家游戏。通常，小女孩比小男孩更热衷于玩此类游戏。

Tips

按照弗洛伊德的理论，3～6 岁的儿童进入"性器期"是由孩子身体内的荷尔蒙驱动所致。6 岁后，随着孩子身体的自然发展，这种情况会自然消退。

通过生殖器部位缓解紧张情绪

少数孩子会做出抚摸生殖器的动作，尤其是在他们无聊和情绪紧张时。有些家长无意间发现孩子有时会将手放在自己的裤裆上，甚至伸进裤子里面触摸生殖器，这会让父母觉得无所适从。另外一些家长还注意到，孩子偶尔也会跨坐在椅子扶手上，做有规律的来回移动，或者趴在床上摩擦生殖器，表现出面红、全身紧绷、满头大汗的情况。小女孩则更多地表现出双腿紧绷的"夹腿综合征"。

知识拓展

对于这些"不雅"的行为和动作，父母不必大惊小怪，视之若敌，更不能以成人的道德标准去评判和批评孩子。还记得那个喜欢当众脱光光、在小鸡鸡上画一个大象并唱"大象，大象，鼻子怎么那么长"的蜡笔小新吗？孩子在进入某个阶段时总会伴随着出现一些短暂的古怪行为。按照弗洛伊德的理论，3～6岁的儿童进入"性器期"是由孩子身体内的荷尔蒙驱动所致。6岁后，随着孩子身体的自然发展，这种情况会自然消退。当然，如果你在自己的孩子身上从未发现过类似的行为，也并不代表它不存在，只是呈现的方式不同而已。当然，某些孩子的"性器期"会出现得晚一些。

第 2 章

从幻想向真实过渡

——4 岁孩子的认知与能力发展

4 岁的孩子，思维以具体形象为主，难以脱离自己的生活经验；能初步理解周围世界中简单的因果关系，但常"以人为中心"来考虑因果；对时间、空间和数量等抽象概念须借助具体的事物才能理解。4 ~ 5 岁是孩子接受各种新事物的最佳时期，声色丰富的现实世界是他们最感兴趣的。父母带孩子多多地体验现实世界，这是助力孩子从幻想向真实过渡的最佳途径。

内部语言大爆发

"加油站的故事"

加拿大心理学家勒弗朗索瓦（Guy R.Lefrancois）在介绍幼儿语言发展时，讲述了一个 4 岁半的孩子芮米在玩乐高拼装玩具时自言自语的故事：

"我要装满正规军。嘟嘟嘟——嘟嘟。

谢谢！呜呜呜——呜呜呜——呜呜呜。

我要用正规军装它。嗒嗒嗒——嗒嗒嗒。

撞！

奥，我的车坏了，它们撞在一起了。

现在我要给车加油。

哎哟，哎哟。车胎瘪了，我要给车胎充气。

扑哧、扑哧、扑哧。

呼哧、呼哧、呼哧。

我被骗了，他弄坏了我的房子。我需要一个新轮胎。

哇哇——啊，哇哇——啊。

喔喔——喂！他的车胎也瘪了。

我要无铅汽油。

呼哧、呼哧。

嘻嘻——呜呜。"

芮米的游戏结束了，"加油站的故事"也讲完了。听故事的人一头雾水：这个小朋友到底在讲什么？

4岁半的小芮米自言自语的故事内容似乎缺乏逻辑性，但从中可以看出她丰富的想象力和内部的语言表达。只要留心观察4岁的孩子，你就会发现很多孩子在游戏时都会自言自语，这是该年龄段孩子语言发展的重要表现。

3岁时，孩子会经历一次"外部语言"的爆发，他们把之前听到和存储的语言突然展示出来，但是这一阶段孩子的很多话都是通过模仿习得的。到了 4 岁，孩子不仅更爱说话了，而且开始喜欢思考和琢磨语句，逐步有了自己的语言，他们喜欢"自言自语"；或者在听大人说话时，喜欢用自己的话重复一遍。这是他们的"内部语言"正在形成和发展的标志，是其思维发生的又一次飞跃和质变。

探究语言的含义

词汇拓宽了 4 岁孩子的语言疆域，他们开始对"词的含义"感兴趣，会主动问大人一些词汇的意思。一位母亲说，她的孩子甚至会对听到的每个新词语发问。例如，当她给孩子说"一般情况下，有些事情会怎样"时，孩子马上就会问"一般"是什么意思；当她说"个别的人会怎样"时，孩子就会追问"个别"是什么意思……父母要耐心地给予解释，丰富孩子人生的第一本"新华词典"。

4 岁的孩子还喜欢通过向别人询问以及与他人探讨等对话方式，来验证自己的奇思妙想。例如，一个小女孩问妈妈："死去的人是不是可以不用流血？"妈妈告诉她："是的，有些人虽然死了，但没有流血。"孩子接着问道："那流血的人是不是不一定会死呢？"妈妈回答："是的，流血不一定会死。"小女孩长长地松了一口气，说："妈妈，漂亮女儿的手指被扎破流血了，那她不一定会死，是吧？"可见，这个小女孩对于现象与本质的关系，具有了初步的兴趣，并通过对个别词语和概念的探究体现出来。

□无遮拦并喜欢"说脏话"

通过上述方式,4 岁的孩子逐步建立起他们的"内部语言",并在此基础上形成与他人主动交流的能力。他们可以详细地讲述自己所经历的事情,甚至会与他人讨论自己对这些事情的感受。不管是男孩还是女孩,他们都拥有强烈的主动表达的欲望,有时甚至就像敬业的"新闻播报员",喜欢把自己知道的事情,特别是自家的一些事情(和秘密)全都讲给外人听。有时他们就像《皇帝的新装》里那个心直口快的小男孩,会旁若无人地大叫道:"看呀!皇帝是个精溜溜,其实他什么也没穿!"

4 岁的孩子爱说话,但不见得"会说话",而且经常会说一些"脏话"。什么"臭粑粑""大臭屁""丑八怪""糊涂蛋"是时常挂在孩子嘴边的调味剂。生气发火时,他们更会发射一些充满火药味的"语言炮弹":"我要把你家的房子炸掉!""我不想和你做好朋友,你是个大傻瓜!"……其实,当这些话从孩子的嘴里冒出来时,他们真实的意图是想告诉你:"我非常生气!""我愤怒得不知道该怎么说才好。"

"爸爸"也是"儿子"：具象思维

具体形象思维占主导

"'我'是世界上唯一的儿子"，这是所有小男孩在幼儿期产生的一种"狂妄自大"的直觉。自从第一次从爸爸那里听到"儿子"这个充满爱意的词汇起，小男孩就很自然地认为"儿子"是只属于他一个人的独特称谓。但是到了 4 岁左右，随着理解能力的发展，男孩会发现，在这个世界上，不仅他自己是"儿子"，其他小男孩也是"儿子"，就连爸爸也是爷爷的"儿子"，爷爷也是另外一个人的"儿子"。这样，"儿子"一词就超越了他之前以自我为中心的理解范畴，从而扩展为一个具有普遍意义的词汇。同样，小女孩对于"女儿"的理解，也会经历类似过程的转变。

实际上，4 岁的孩子对任何事物的理解都要经过类似的过程，这体现出该阶段孩子思维的重要特征——具体形象性。换言之，处于这个阶段的孩子更多地依靠感官对事物的形状、声音、气味、味道、触觉等具体特征的感觉，才能建立起对事物的认知和判断。这一阶段的孩子注意的多是事物表面的、外显的特征，还不能像成人那样进行抽象概括，更未达到站在他人角度考虑问题的水平。

概括分类能力已萌芽

4 岁的孩子在理解他人的语言时，通常需要凭借具体经验和形象感知。例如，一位爸爸对孩子说："今天爸爸给你讲《水浒》的故事。"孩子就会非常高兴，马上问爸爸："是大'水壶'还是小'水壶'呀？"因为"水浒"发音与"水壶"相近，他们只有关于"水壶"的具体经验，而对《水浒》一无所知，所以就会闹出把《水浒》理解为"水壶"的笑话。

针对以上特点，成人在对 4 岁孩子进行教育时，要引导他们接触和认识多种事物，这将有助于他们在已有的感性经验基础上进行分类。该阶段的孩子对具体事物的理解和初步的概括分类能力虽已萌芽，但是水平还很低，他们对事物的分类也只局限于依赖具体事物的颜色、形状、功能或具体情境等。例如，让 4 岁的孩子对面包、桌子、水杯、妈妈、孩子、自行车、汽车、司机等词汇进行分类，许多孩子会把桌子、水杯和面包归为一类，理由是人坐在桌子边，吃面包、喝水；还有的孩子把妈妈、孩子和自行车归为一类，理由是妈妈每天用自行车送自己去幼儿园。由此可见，日常生活中的各种经验是孩子们分类的主要依据，具体形象思维使得该阶段的孩子不能按物品概念进行正确分类。

Tips

具体形象性思维，是指幼儿在认识事物的时候，要依靠五官对事物的形状、声音、气味、味道、触觉感受等具体特征生发感觉，而不能像成人那样进行抽象概括。

了不起的"比喻大师"：语言风格

善于类比和联想

4 岁的孩子不仅热衷于模仿他人说话，而且开始建构自己的语言风格。该年龄段的孩子说话时的形象生动性及艺术效果令家长们惊奇，称其为"比喻大师"也不为过。例如，他们把公路比作大大的"1"，把雾霾天的太阳比作"蛋黄"，把月亮比喻成"小船"，把大树看作"遮阳伞"……比喻形式的广泛使用、比喻对象的丰富多样，是该年龄段孩子语言发展的重要特征。他们不仅对"这是什么"感兴趣，而且对"这像什么"更感兴趣，这说明 4 岁的孩子不仅善于想象，而且也善于在事物的类比和联想中认识事物。如果家长能够把孩子平时一些经典的比喻句子记录下来，将是难得的语言素材。

"夸张主义"的代名词

4 岁的孩子喜欢夸张，尤其表现在语言上，有时候会让人觉得这个年龄段的孩子是个"吹牛大王"。

出现或想象出 3 根香蕉和 4 根香蕉摆放在一起的具体场景，然后才能得出最终的数量。如果脱离了"香蕉"这一具体形象物，单独向他们提出"3+4"这样的抽象运算问题，以他们当前的思维能力来说是有难度的。

说到底，4 岁的孩子就像寓言"朝三暮四"中的那一群猴子，脱离了真实的香蕉，跟他们说"3+4"还是"4+3"，都是一样的效果。父母作为聪明的"养猴人"，对 4 岁孩子的数学启蒙，最好依托于日常生活的真实场景进行随机教育。例如，每天吃饭时让孩子数就餐者的人数、碗筷的数量，以及清点鞋架上鞋子的数量，等等，最好不要抽离了具体事物来和孩子谈论数概念和数量关系。

理解数量守恒有难度

少数 4 岁孩子的数概念发展得相当好，极少数的孩子甚至会 10 以内的加减法，但大多数孩子还需要借助自己的 10 个手指，必要时还会借别人的手指用："我的两只手不够用怎么办，把你的手借给我用用好吗？"在这里，我们要提醒父母，4 岁孩子的思维发展还不够成熟，成人不要过分关注这一年龄段孩子在这方面的表现，更不能因为孩子还不会运算就给孩子定性为智力不佳。

大多数的 4 岁孩子还难以理解 10 以内的数量守恒，最典型的例子就是，把原来摆在一起的 5 块糖的间隔拉大，他们会认为糖的数量比原来多了。他们对"量"的认知更是如此。按照皮亚杰的经典实验结论，4 岁的孩子对量的概念也不能守恒。如果把一个粗矮杯子里的水原封不动地倒进一个高细杯子里，孩子们会说："哇！水变多了。"可见，这个年龄段的大多数孩子对物体数量关系的理解，还处于实物运算阶段。通常到了五六岁的时候，孩子的具体运算能力才开始发展起来。

Test

守恒实验

守恒是指物质从一种形态转变为另一种形态时，物质含量保持不变。皮亚杰设计了一系列的守恒实验，证明了 3 ~ 6 岁儿童对"数"与"量"的理解带有具体形象性的特征，他们只能集中于问题的某个维度，并且关注的是事物表面的、明显的特征，而不能认识到在事物外表形式的变化下，物体的性质会守恒不变。

液体守恒实验。实验者向儿童呈现两只完全相同的玻璃杯，杯子装有等量的液体。

在儿童确认两只杯子的液体一样多之后，实验者把其中一杯液体倒入旁边一只高而细的量杯中，液体表面自然升高许多（如图 1）。实验者问儿童："现在两杯水还一样多吗？"大多数 3 ~ 6 岁孩子会认为细而高的杯子中的液体多。

图 1　液体守恒实验

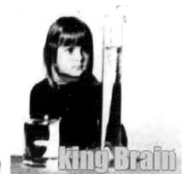

数量守恒实验。实验者向儿童呈现两排数量相同而且一一对应的纽扣，在儿童确认两排纽扣一样多后，移动其中一排纽扣，使它们看上去"更长"（如图 2），这时候问儿童两排纽扣一样多还是不一样多，大多数 3～6 岁儿童会说变长的那一排纽扣多。

图 2　数量守恒实验

阶段 1　　　　　　　　　　　　　阶段 2

"这两排扣子的数量是一样多　　　　　"现在我在做什么？"
　　　　还是不一样多"　　　　　　（实验者将第二排扣子间的距离拉大）

时间的顺序和轮回：时间概念

昨天、今天和明天

一群 4 岁的孩子在玩游戏，其中一个孩子自荐当了"队长"，但另一个小男孩也想当"队长"，于是，他便和现任"队长"展开了以下对话：

"我来当队长，可以吗？"

"不行！"

"那你今天当队长，我星期六当，可以吗？"

"可以！"

"妈妈，我明天就可以当队长了！"男孩高兴地告诉妈妈。

妈妈微微一笑，其实"明天"才星期四，并不是孩子刚才提到的星期六。

这位妈妈懂自己的孩子，没有当众指出孩子的纰漏之处并纠正，可见这种情况对她来说习以为常了。

为什么 4 岁孩子可以说得出一周内每一天的名称，但对于它们具体的对应顺序模糊不清呢？这和该阶段孩子的时间认知能力密切相关。

相对于3岁孩子而言，4岁孩子的时序（时间的顺序性）和时距（时间的持续性）认知能力已经发展起来，他们能够初步理解一般事件的发生顺序，但对于今天、明天、昨天的具体关系，特别是对于一天之内的早上、中午、晚上的时序还不能清晰区分。

因此，成人在聊天中常用的与时间相关的表达，对于4岁的孩子而言，多数还是像听外语一样，让他们一下子拐不过弯儿来。许多妈妈讲起自己的孩子混淆时序的故事，都忍不住捧腹大笑。例如，一个孩子眼馋别人在吃冰激凌，自己因为父母规定不能吃，就炫耀说："我才不吃呢，我明天已经吃过啦。"一位妈妈和在外边贪玩的儿子说最多再玩半小时就要回家吃饭，儿子爽快地回答："好的，我最多不超过900分钟。"尽管孩子的这些时间搭配和概念都是错误的，但也说明，孩子已经开始理解时距和时序概念了。

只能理解具体的时间概念

4岁的孩子对时距和时序的理解，还需依赖于具体形象。他们喜欢以自身的生活经验为参照物来理解时间。例如，成人指着日历给孩子讲"昨天"干了什么，他们就会犯迷糊："为什么昨天有时候是'星期三'，有时候又变成'星期五'呢？"同样，对于商量"星期六"当队长的那个孩子而言，他只是清楚"星期六"排在"星期三"之后，但对于"星期六"距离"星期三"有多长时间，他并没有具体的概念，所以会把"星期六"说成"明天"。

可见，这个阶段的孩子还不能把类似"昨天""星期六"等时间概念从具体的时间中"抽离"出来，形成一个特定指向。他们只能以"昨天是我的生日""昨天去森林公园玩了"这样具体的生活事件和活动经验来理解时间概念。

对时间的顺序性感到困惑

虽然对时序和时距有了初步印象，但 4 岁的孩子对时间的重复和"轮回"也感到困惑。他们难以理解一周的七天结束后，为什么接着的一周是从另一个"周一"重新开始，有的孩子甚至发明了"星期八""星期九"来表示新的一周的到来。

孩子们对钟表的旋转很感兴趣，但对表盘上的数字和指针却深感困惑，对于时针走过最大的数字"12"后为何又回到最小的数字"1"，更是完全不能理解。同样，十二生肖表轮回一遍后重新开始，也令他们困惑不已。孩子思维的具体形象性特点决定了他们对时间顺序性的理解必须依赖具体事物。

Tips

家长在和孩子谈及时间和计划时间时，还需尽量把时间"具象化"，以帮助孩子更直观地理解和巩固时间概念。

只会简单推理的"因果先生"：逻辑推理

从事物的表面寻找答案

——电风扇为什么会转？

——因为它的开关打开了。

——星星为什么在天上？

——它怕我们太黑，在天上高高地给我们照明。

——人为什么会做梦？

——因为眼睛闭上了，人就会做梦。

…………

与 4 岁的孩子聊天，绝对会让你的灵魂震颤，脑洞大开。对于每一个事物的发生和存在，4 岁的孩子都会给出和别人不一样的答案，这也是他们可爱的原因之一。

4 ～ 5 岁是孩子思维能力发展的里程碑式的阶段，这一阶段的孩子已经有意识开动脑筋思考问题，他们能初步理解周围世界那些表面的、简单的因果关系。这个阶段的孩子能"以人为中心"来考虑因果，但仍处于"前因果阶段"。他们喜欢根据自己已经知道的道理进行归纳总结，最后得出结论。换言之，此时的他们已经逐步脱离了主观猜想和神秘主义，知道某一行为既有原因又有结果；但是他们对事件的分析通常还停留在表面的原因和简单的因果关系上。

一位爸爸去幼儿园接孩子回家。走到自家楼下，孩子兴奋地叫起来："妈妈回来了！"爸爸问："妈妈没给咱们打电话，你怎么知道妈妈已经回家了？"孩子回答说："因为咱家的窗户开着，妈妈回家就会开窗户。"回到家一看，妈妈果然下班回来了。

从上例中可以窥见 4 岁的孩子进行逻辑推理的特征。他们往往会把直接观察到的事物之间的表面现象或者事物之间的偶然联系作为因果关系来认知，继而做出对事物和人的最终判断。这种简单的逻辑推理的发展，与他们自身的身心发育密不可分。

以"自我为中心"解释因果

此外，4 岁的孩子对因果关系的解释大都会与自己关联起来。他们会把生活中发生的很多事情与自己联系起来解释，带有明显的"自我中心"痕迹。例如，有的孩子会说："因为我很热，所以下雨了。"甚至有些孩子还会与 2 岁时一样，相信大自然中的许多事物跟人一样，有感觉、有情绪。例如，听到打雷时，他们会说雷公公发怒了；他们其至认为白昼和黑夜交替是因为太阳公公白天需要早起上学、晚上需要睡觉休息，等等。

综上所述，4 岁孩子的推理处于现实和想象的边缘地带，他们有时难以分辨什么是真实的，什么是想象的。虽然他们也时常将"这是真的""那是假装的"类似的话挂在嘴边，但是如果你告诉他们某件事情是因为魔法所致，他们也会相信。

Test

皮亚杰的因果关系实验

皮亚杰专门针对儿童的逻辑推理能力设计了因果关系的实验。实验中，他向儿童提出了一系列任务，如让儿童解释"自行车和蒸汽发动机为什么会工作？""谁制造了太阳？""晚上谁把星星摆在天空中？"等问题。通过对答案的整理和分析，皮亚杰将儿童对因果的认知划分为三个发展阶段：1. 前因果阶段。此时儿童还没有认识到因果关系，只会主观地猜想、设想一些神秘的原因。2. 以人为中心考虑因果，神秘的因素逐渐消失，但仍旧处于前因果阶段。3. 因果阶段。儿童进入七八岁后，能够依据客观事物的内部联系来寻找原因。

开始对文字感兴趣：符号敏感期

在阅读中自然识字

　　尽管存在差异，但大多数 4 岁的孩子开始步入阅读低幼读物阶段，尤其是那些在家中或幼儿园里经常接触童书的孩子。大多数孩子对常见的字，如自己的名字、某些书名等非常敏感。有些孩子对熟悉的发音感兴趣："君乐宝和乐宝里都有一个'乐宝'。""爸爸的名字里和叔叔的名字里都有一个'中'字。"他们也喜欢在父母读故事时不断提问："这是什么字？"他们喜欢在熟悉的书中指认那些出现频次高的字词。这些现象表明，4 岁的孩子开始对文字感兴趣，但他们的识字行为仅仅是把字视为一种符号来学习的。

　　许多父母会问，4 岁的孩子看到什么符号都追问，这种"好学"的现象是否说明孩子的求知欲强烈，需要父母特别培养和保护？答案是肯定的。根据已有的研究以及我们对该年龄段孩子的观察发现，大多数 4 岁的孩子会对各种符号感兴趣。在每天上学和放学回家的路上、乘坐公共汽车或地铁时，以及在公共场所看到各种路牌、广告和海报时，大多数 4 岁孩子会逐字地指着让父母念给自己听，对数字的学习亦是如此。父母在给他们读故事时，他们会关心父母读到了哪一页、哪一行、哪个字，甚至父母偷工减料跳过去的地方，孩子都能敏锐地指出来。

难以将"符号"和"实物"对应

其实，这个年龄段的孩子虽然对符号感兴趣，但是还远没有达到纯粹抽象的程度。4 岁的孩子通常还不能够完全识别符号和符号所代表的事物，也就是说，在他们的认知里，缺乏将"符号"和"实物"对应起来的能力。例如，五六岁的孩子知道"家用电器"包括电视机、电风扇、空调、电饭煲、洗衣机等电器，而 4 岁的孩则不能将"家用电器"这一抽象符号与其包含的具体实物一一对应。所以，父母不必因为孩子对汉字、字母、乐符、棋谱等符号感兴趣，就认为可以提前让孩子学习这些东西。

Tips

家长需要做的是，为孩子提供跟符号相对应的实物并把它们进行配对，将有形的物质通过符号表达出来，孩子才能更好地去理解和使用这些符号。

天生的"印象派"画家：绘画能力

绘画能力处于象征期阶段

在未受专门绘画技巧训练的情况下，4 岁的孩子绘画时，一定会竭力表现自认为有趣的和重要的事物，他们通常会用简化、夸张的表现方式，把自己关注的没有任何联系的事物表现在同一画面上。他们喜欢用线条描绘对象的轮廓，因为轮廓线比较容易表现物体的特征。换言之，他们喜欢将对象简化，用最简单的圆形、方形等来表现绘画对象。为了表现自己认为重要的那一部分的形态，他们会不自觉地使用夸张或变形的手法，而对其不感兴趣的部位往往会忽略掉。他们就像是西方著名的"印象派"画家，挥动画笔只为表达自己对于某个事物的感性直觉。从这个角度讲，4 岁的孩子个个都是天生的"印象派"画家。

这一阶段孩子的想象还是以无意想象为主，同时，他们的有意想象也获得初步发展。简单来讲，他们的想象基本上依赖简单的模仿性经验，而且以具体形象性为主。4 岁孩子的创造力主要依靠事物的具体形象或表象来发挥，他们喜欢根据事物的表面现象构思画图，而不是根据事物的本质特点或内在联系进行思维。他们在画画时，往往会把太阳、动物、植物画成人脸的模样，认为它们具有生命力、有喜怒哀乐。只要他们乐意，他们就会随心所欲——月亮在白天出现，太阳会从屋里升起。

构图不具备空间概念

4 岁的孩子能够辨别上、下、前、后四个方位，而以自身为中心的左右方位辨别能力还未发展完善。这表现在绘画上，就是他们习惯于以自我为中心构思和设计画的顺序和过程，着力表现自己印象最深的感觉、颜色和光影，而不在乎线条的精确性和整齐性、比例的合适性、颜色的吻合度等。例如，老师把小朋友们带到幼儿园的大树下，先让他们观察秋天的大树和树叶，然后在大树下一边观察一边画大树。等孩子们把画好的大树交给老师时，老师看得瞠目结舌！原来孩子们画的大树都不是树叶在上，树干和树根在下，而是树叶歪歪扭扭分布于各个方向，甚至有的树是倒着长的。这是因为 4 岁的孩子对于复杂的空间概念存在认知上的困难，他们只能认知某种空间垂直关系，明白每一棵树都是垂直地长在地上，但是他们却不会在平面上表现每棵树之间的方位关系。也就是说，他们是依靠直觉想象而非逻辑推理来理解物体的，他们就这样把自己理解的事物表现在画纸上。

第 3 章

"我"还是宇宙的中心

——4 岁孩子的情绪与个性发展

4 岁的孩子开始具备一定的情绪控制力,"坏脾气"也越来越少。他们开始关注别人对自己的看法;开始渴望成为"好孩子",尤其渴望得到别人的夸赞。4 岁的他们,还认为自己是宇宙的中心,对外部世界的感受主要依赖别人对其言语和行为的评价,并以此来建立自信和自尊。因此,来自父母的肯定和赞扬,是他们最渴望获取的精神养料。

抵制"棉花糖"的诱惑:自控力

发展自我延迟满足的关键期

50 年前,斯坦福大学的心理学家沃尔特·米歇尔(Walter Mischel)做过一个有趣的实验:他让 4 岁的孩子单独待在房间里,交给他一颗棉花糖,并告诉孩子,谁如果能坚持 15 分钟不吃这颗棉花糖,就会再给他更好的东西作为奖励。然后研究人员离开房间,通过摄像装备偷偷地观察孩子们。门被关上后,有的孩子急不可耐地把棉花糖塞进嘴巴,有的甚至已经熬过了艰难的 14 分钟,

Tips

神经生理学研究发现，大脑前额叶是参与抑制过程的重要生理器官，4～5 岁正是大脑前额叶发展的重要时期，而这为 4 岁孩子自我延迟满足能力的发展奠定了生理基础。

却在最后的 1 分钟里吃下了棉花糖。剩下的少数孩子最终坚持下来，但他们的表现令人忍俊不禁：有的拿起棉花糖，一遍又一遍闻香味；有的围着棉花糖转来转去；有的用双手遮住眼睛，或者玩自己的裙子或小手，努力不去看棉花糖；有的对着棉花糖大声唱歌……

也许对于更大一点的孩子或成人来说，经受住一块棉花糖的诱惑根本不是什么难事儿。但对于一个 4 岁的孩子来说，让他在无人监控的环境里，看着眼前的棉花糖却忍住不吃，的确是极大的挑战。在这个实验里，虽然仅有三分之一的孩子坚持到了最后，但这样的结果至少告诉我们：4 岁孩子已经有了初步的内部控制力——自控力，他们的行为受情绪支配的比例逐步下降，他们已经开始学着控制自己的冲动情绪了。

儿童的内部控制力和自我延迟满足能力随着年龄的增长而发展，3 岁儿童平均延迟时间极为短暂；4 岁儿童平均延迟时间显著延长；5 岁儿童的延迟时间相比 4 岁又有了显著提升。

越来越"讲理"

较之 3 岁的孩子，4 岁孩子的情绪更趋稳定，具备一定的自我控制和共情能力，"坏脾气"也越来越少。例如，在商场或公园，他们看到喜欢的玩具时已不像二三岁时那样拼了命哭闹都要买，大多数孩子已经能够听从大人的劝说和要求，有的甚至会自我安慰说："家里已经有类似的玩具了，这次就不要了。"或者当看到诱人的蛋糕放在桌子上，妈妈说暂时不要吃，这一年龄段的孩子已经能够转移自己的注意力，努力专注于玩玩具而不去关注蛋糕。当然，这只是与 3 岁的孩子比较而言，也有部分 4 岁孩子还达不到这种水平，这与他们生活的外部环境以及父母的养育方式有很大的关系。

大多数的 4 岁孩子经过了幼儿园一年的集体生活规范的养成后，能够把自己的行为与普遍的行为规则相联系，能够从其他人的榜样行为、言语评价或态度中，学到一些情绪的社会表达规则，逐渐知道哭闹、暴力这样的方式不仅不能帮助自己解决问题，反而会遭到老师或家长严厉的批评。因此，他们会变得越来越"讲理"，越来越会控制自己的情绪，逆反行为也越来越少。当然，他们并非在所有情况下都能控制好自己，面对特别感兴趣的事物时，他们仍然受情绪所支配，甚至还会出现情绪"失控"现象；有时他们在遇到不顺心的事情时仍会大发脾气。正如前面提到的棉花糖实验中所显示的那样，对于这个年龄段的孩子来讲，能够忍住不吃棉花糖的毕竟还是少数。

我是超级"大笨蛋"：自我概念

自我能力的评价停留在具体行为层面

4 岁的孩子个个都要强，无论做什么事情，一旦做不好或者得不到别人的称赞，他们就会很沮丧，即使是和父母一起玩游戏，他们输了也会抹眼泪。画画不称心，他们会生气地把笔扔掉；跑得不如别人快，他们也会气得直跺脚。但总体来说，这个阶段的孩子，在对消极情绪的理解、表达和自我控制方面，相对之前已经有了很大的进步。

三个 4 岁左右的小女孩围坐在同一张桌子边吃饭，其中一个对保育老师说："老师，你看我呀，我最棒，我吃得最快，我第一哦。"然后赶紧快速地吃起来。可是，最后的结果却是另外两个女孩先吃完了，这个女孩"输"了。好胜的她"气急败坏"地哭了，经过老师耐心的安慰最后终于平静下来，但是她却叹口气说："老师，我是慢吞吞的小乌龟！"

从上例可以看出，4 岁的孩子对自我能力的认识和评价还停留在具体的行为层面上，某件事情的具体结果很容易变成他们评价自己的"全部标准"。当事情进展不顺利时，他们很容易陷入悲观的情绪中，并能够用一种"自嘲式"的说辞来表达自己的内心感受，进行自我安慰。例如，"我不会画汽车，我只会圆圈。""我只会胡乱画画。""我总是笨手笨脚的。""我就是个超级大笨蛋。"从表面来看，这是他们是在做消极和负面的表达；从另外的角度来看，这表明他们的自我概念已经初步发展起来。

很强的自尊心

孩子说自己是"大笨蛋"，他就真的认为自己是个"大笨蛋"吗？未必！像成人一样，这个年龄段的孩子偶尔会产生悲观失望的情绪，实在是再正常不过了。这是因为 4 岁的孩子会有强烈的自尊需求，如果自己能够完成一些任务，并且能够得到周围人的夸赞和认可，他们就会获得很高的自我评价。反之，如果总是不能完成某项任务，进而得不到别人的肯定，他们就会很气馁，这些都是孩子在情感发展过程中的正常现象。

因此，对于孩子说的一些"泄气话"，父母要会听。例如，孩子从幼儿园回来闷闷不乐，说自己是"大笨蛋"，妈妈经过细心地开导才发现，原来这是因为老师说孩子穿鞋子总是分不清左右脚所致。这时，父母需要指导孩子训练这方面的技能，以帮助孩子尽快恢复信心。

服从权威的道德观念

孩子常常把"老师说的"尊为圣旨，因为老师作为孩子成长中的权威人物之一，在孩子的他律道德发展过程中扮演着重要的角色。尤其幼儿园中班开学后，很多父母都会觉得自己的孩子变化很大、懂事很多。例如，看到妈妈收拾碗筷，他们就会主动加入，并说："我们老师说了，妈妈做饭很辛苦，小朋友要帮忙做家务。"如果在和妈妈对话时听到爸爸插话，他们会板起脸批评爸爸："老师说了，插话不礼貌。"看到路上有行人随地乱扔垃圾，他们也会大声说："我们老师说，不能随地乱扔垃圾！"在他们眼里，老师似乎是一个比任何人都有权威的人物，符合老师规定的就是正确的行为，否则就是错误的行为。

针对 4 岁孩子道德发展的这一特点，成人在向孩子传授道德知识和要求时，可相对灵活一些，不要过多地使用"一定""绝对""所有人""都要"这类的词语，避免给孩子造成规则是不能变通的错觉，而应尽可能地用"……会更好""如果……也可以"等表达方式，给孩子留出可以变通的余地。

喜欢幻想中的偶像人物：同一性敏感期

从幻想的偶像身上获得成长力量

我的小孙子已经上中班了，但是我很担心他在幼儿园的情况。这个孩子，平时在家里多数时间是一个人玩，而且只玩他的玩具"超人"。他还不断地和"超人"说话，把许多事情说给"超人"听，却不是和我们说。他就连上厕所也要带着"超人"，还边走边说："超人，我们一起去厕所。"在家时，他和"超人"一起玩玩具，一起看绘本，甚至连洗澡、睡觉都要一起，好像"超人"是个比我们都亲的人。这孩子是不是有什么心理疾病呢？他怎么能和一个玩具说上大半天话呢？

如果我们告诉这位担忧的奶奶，其实她的小孙子很健康，没有任何心理疾病，不知道她是否相信？其实，在每个 4 岁孩子的心中，都住着幻想中的好朋友、好伙伴，对孩子而言，他们之间的亲密关系和重要程度，甚至要大于孩子在现实生活中和亲人的关系。正是有了这些幻想中的朋友来陪伴、互动，孩子的内心得到了滋养和丰富，他们的思维发展也由此得到促进。在上例中，"超人"只是孩子幻想中的一位好伙伴，这个伙伴虽然不是真实的，但却投射了孩子日后在现实世界中与人交往的一切情感，而且在这个过程中，孩子的性格也随之发展了。

换言之，在这个阶段，孩子会崇拜某个幻想中的偶像，有时是某个人物形象，如爱莎公主、白雪公主、奥特曼或超人等；有时是某种动物，如恐龙、狮子；有时是某种理想中的职业，如明星、飞行员、宇航员等。当然，他们崇拜的对象也可能是真实的人物角色，比如医生、警察、士兵等。这个年龄段的孩子，其内在的人格模式正在定性，他们会喜欢某一类型的人物，并且把偶像说话、走路、穿衣、标志性的动作等牢记于心。他们在对偶像扮演和模仿的过程中，获得人格上的一些特质。

扮演和模仿"偶像"

当孩子开始扮演偶像角色时，就进入了自我同一性发展敏感期的高潮。在这段时间，孩子全身心地投入到自己喜欢的角色扮演中，不但吸收和体验了所扮演角色的特质，而且把自己的性格与所扮演的人物相匹配，让偶像身上的特质内化到自身，从而在扮演和模仿的过程中，获得偶像的一些人格特质。

如果发现孩子进入了自我同一性发展的敏感期，成人需要做的就是保护和尊重孩子的正常需要，让他们自然、快乐地成长，而不是误解和阻止他们。例如，孩子喜欢奥特曼，就可以适当地给孩子买一些奥特曼玩具，或者和孩子一起动手制作奥特曼道具；如果孩子喜欢公主，那么就满足孩子的公主扮演欲望，适当地给她买一些公主的衣服、鞋子或玩具。

妈妈，你觉得我棒吗：成就动机

喜欢被称赞

4 岁的孩子个个喜欢被人称赞。一般到了这个阶段，他们的高级情感——道德感——开始发展，孩子开始在意自己的行为是否符合道德规范，也开始关注别人对他的看法，观察别人对他所做事情的反应。

4 岁的孩子喜欢被人称赞，他们希望做的每一件事情都能得到他人的肯定。例如，他们会时不时地问："妈妈，你觉得我很棒吗？"如果他穿了新衣服，就喜欢听成人说他很帅或很漂亮；如果他得到了一件新玩具，就要迫不及待地带到幼儿园给同班的小朋友看。成功地做完一件事情后，如果能得到及时的夸奖和认可，孩子就会充满信心地坚持下去。父母或其他人如果能称赞他们几句，并且给予象征性的鼓励——一个眼神、一个竖起的大拇指，哪怕是一个小贴画，对孩子来说都是十分重要的。

在意他人的看法

一旦过了 4 岁，孩子的内心就会变得更加敏感和细腻，就会更加关注别人对自己的看法。他们知道谁喜欢自己，谁不喜欢自己；也会因为别人喜欢自己而高兴，因别人不喜欢自己而伤心。他们开始更加敏感地对待别人的评价，总是担心自己做错事情，有了"如果做了这种事情，会很丢人"的羞耻心。

外界对孩子的评判，逐渐成为他们控制自己的一条重要原则。所以，这个年龄段的孩子乘坐公交车时开始变得遵守秩序；见了熟人开始礼貌地问候；到餐厅吃饭时，在父母的及时提醒下，他们不再吵闹或做出不雅的行为，怕影响到其他人正常就餐。"别人会怎样看我"这样的外部标准，正逐渐成为他们自我控制的力量。

还有些孩子甚至表现出因"害羞"而主动"退缩"的行为。例如，成人鼓励孩子在客人面前唱一首歌，他会有意识地拒绝。当你对孩子说，"这样做，别人会生气"或者"多不礼貌啊"类似的话，你会发现4 岁孩子会明显收敛自己的不良行为，他们也开始"要面子"了。

Tips

4 岁的孩子非常在意别人对自己的看法，父母平时应给予孩子及时的夸奖和认可，对孩子的不当行为多提醒纠正，帮助孩子培养自控能力。

喜爱美的体验：审美思维

伴随着情感的发展，4 岁孩子的美感也开始发展。他们在环境的熏陶和教育的影响下，逐渐形成了审美的标准。他们能够从绘画、音乐、舞蹈等艺术活动和美术作品中体验到美，在读绘本或者欣赏图画时，他们能够初步感受到线条、形状、色彩等所表达的情感，初步具备了作为一个欣赏者所需要的条件。他们用自己的眼睛对欣赏对象的形状、色彩、光线、空间、张力等要素进行整体把握，这些都可以说是一种积极的心理活动。

4 岁的孩子也越来越会感知和理解歌曲中的歌词和曲调所表达的内容，并能声情并茂地模仿和进行创造性的表演。他们不仅能体验歌曲的情感，还能感知和初步理解节奏和韵律所表达的内容。然而，这个阶段的孩子通常更容易感受各种艺术外在的形式美，对其内在美及更深层次的美则难以感受和理解。比如，他们喜爱鲜明、艳丽的色彩，并不注重颜色之间的协调；喜欢明快、多变的曲调，但难以把握曲子表达的主题及意蕴；喜欢色彩绚丽和具有动感的动画片，但难以领会剧情背后表达的深层含义，等等。

　　此外，这个阶段的孩子开始主动对周围环境，特别是生活环境有美的期待。他们会因颜色鲜艳的东西，如新的衣服和鞋袜，产生美感。尤其是 4 岁的小女孩，多数都会变成对用物极度敏感的"豌豆公主"，开始对每一件东西挑三拣四。因此，家长需要为 4 岁的孩子创设优美有序的外部环境，这是促进他们美感发展的最佳方式。

第 *4* 章

走出自我小天地

—— 4 岁孩子的社会性发展

在人际交往方面，4 岁的孩子开始学会理解他人，喜欢合作性的游戏，能与他人主动分享。他们在冲突中能基本表达自己情绪感受，攻击性行为相比 3 岁时明显减少。部分孩子共情能力逐步发展，能适时安慰和关心他人。他们喜欢和成人交流想法，逐渐与老师建立起依恋。幼儿园是 4 岁孩子人际交往及社会适应的重要场合。充满创意的老师、轻松活泼的环境，以及富有想象的集体活动是 4 岁孩子最向往的乐园。

渴望同伴的接纳与认同：同伴关系

同伴关系和谐又友善

严格来讲，4 岁孩子的头脑中还未形成友谊的概念。对这个年龄段的孩子而言，朋友就是能够一起玩、一起疯、一起分享玩具的人，并非指感情稳定且"志同道合"的真正朋友。4 岁的孩子大都喜欢与同龄人玩，与过去略有不同的是，他们眼里开始真正有了"他人"的概念，能够在玩耍中应答玩伴对他说的话，开始有了自己喜欢的好朋友。

Tips

同伴接纳反映了孩子在同伴互动中的社会地位，对孩子建立友谊及发展亲社会行为意义深远。一方面，孩子通过与同伴交往的行为方式来影响同伴对待他的态度，确定自己在同伴关系中的地位；另一方面，在一对一的互选朋友关系中，孩子学习和实践新的交往模式和技能，建立继续交往的信息，提高友谊的质量和稳定性。

与 3 岁的孩子相比，4 岁孩子的社会交往要主动和积极得多。在与同伴的交往中，他们会自主地发起游戏和提出邀请，比如，"我们一起玩，好吗？""我邀请你到我的家里玩。""我能和你们一起玩吗？"而且在游戏过程中，他们的主动性也逐步凸显出来，能够协商和服从游戏规则。少数孩子甚至能选出游戏的领导者，形成默契的关系。

同伴接纳尤为重要

4 岁的孩子合作游戏的能力逐步增强，他们能够在一起分享玩具。个别孩子还能凸显优秀的领导才能，总能想出一些点子带领别人玩。经常一起玩的孩子会逐渐形成固定的小团体，几个人在一起玩时，往往会排斥和限制他们不熟悉或不喜欢的人加入。因此，就会经常出现被排挤和被排斥的孩子哭诉："某某不和我玩！""某某打我！""某某不再是我的好朋友了。"这说明，4 岁的孩子在社会交往中，产生了强烈地与他人进行心理连接的意愿。

在这一阶段，小男孩和小女孩所面临的友谊苦恼有所不同。通常，男孩发生冲突的原因是挑战强者和权威，以展示和试验自己的力量；而小女孩产生矛盾则多是因为语言和关系上的冲突、拉帮结伙或孤立某人。如果你的孩子在外面玩耍或从幼儿园回家后哭诉"某某某不要我和他玩"或者"某某说我的坏话"这类不被同伴接纳的话，请理解孩子的情绪，并尊重孩子为友谊而哭泣的这份真诚。其实，这正是孩子实践与同伴交往的正常过程，也是其社会性发展的必要课程，成人不要过多地干涉和参与。

游戏中的社会化：游戏水平及需求

喜欢玩"假装游戏"

在幼儿园的户外活动期间，六七个中班的孩子聚集在一起，准备在一架上面带有方向盘的小滑梯上玩开公交车的游戏。

其中一个孩子 A 说："我来当司机。"孩子们看了一眼 A，都认同由他来当司机。大家都簇拥着上了"车"，A 把握着方向盘。此时一个孩子 B 说："我是售票员。"其他人听了没表达反对意见，但不一会儿另一个孩子 C 说："我也要当售票员。"接着，D 也嚷嚷着说："我想当售票员。"与 A 要当司机的情况不同，三个小朋友为了"当售票员"的事情开始争闹起来，游戏无法进行下去了。旁边的老师走过来，建议他们用"石头、剪刀、布"的方法决定由谁来当售票员，孩子们照着做了。可是没猜赢的 D 还是想当售票员，就哇哇大哭起来。老师过来安抚他，建议让 B 先当售票员，他当乘客，每人 5 分钟，轮流玩。D 答应了，他和其他孩子一起当乘客，玩得很高兴，把刚才老师说的 5 分钟后轮流当售票员的事情忘得一干二净了。

假装游戏是孩子按照自己的意愿，以模仿和想象，借助真实或替代性的材料，通过扮演角色，用语言、动作、表情等创造性地再现周围社会生活的游戏。与 3 岁的孩子相比，4 岁孩子的游戏水平和需要处于更高的层次。这个阶段的孩子"拿物体替代玩具"的能力显著提高，而且需要更多的伙伴"凑在一起玩"。他们在与小伙伴游戏的过程中学习与人交往技能，学习分享和合作。假装游戏为孩子们提供了表达自己情绪的机会，可以培养他们独立解决问题的能力，使他们能够认识和理解周边的世界，增强与外部世界交往的技能和热情。

游戏能力显著提高

4 岁孩子的游戏能力显著提高，他们已经不能满足于"我当妈妈""你当爸爸"等简单的角色扮演，而是开始玩医院、超市、理发店、邮局、蛋糕店等带有更多社会情景和职业偏好的角色游戏。所以，这个年龄是儿童参与假装游戏的高峰期。孩子们在日常生活中积累了一些生活知识和经验，因而在游戏中能模仿一些人物，以及表现生活中观察到的某些事物。例如，女孩喜欢假扮成医生给人治病，男孩子喜欢假装消防员扑灭大火，等等。在游戏中，他们模仿生活的真实情景，进行分工和合作，体现出更多的社会性。在游戏的发起和角色的分配上，大多数情况下女孩占主导地位。这是由于她们在语言表达能力及情感发展上占有优势，这使得她们可以指挥男孩，并且通常会把那些"配角"或者"力量型"的角色安排给男孩。而在游戏方式上，男孩更喜欢运动性的游戏，女孩喜欢模仿性的游戏，他们会在游戏中以不同方式体会角色差异。

4 岁的孩子能够初步认识角色的意义，游戏的内容更加丰富，主题也更为明确，尤其是对于自己感兴趣的角色，他们能坚持扮演较长时间。在越来越多的角色游戏互动中，他们不仅开始表现出自信，规则意识也逐步萌芽，慢慢懂得依次排队、轮流、等待等规则，从而在游戏中发展了社会性。正如儿童游戏研究专家维果茨基所说，游戏的经验对于孩子形成社会性人格，以及对孩子在社会生活中不违反规则、与人合作的习惯养成，具有决定性的意义。

难以自主建立和维护规则

由于 4 岁的孩子还是处于"以我为中心"的阶段，因此，他们在社会交往中还不太会和他人进行真正意义上的"合作"与"协同"，更不会自主建立规则并维护规则。就像上面玩"开公交车"游戏的几个孩子，他们只能即兴地联合在一起，但到底应该怎样玩（即如何组织游戏），要达到什么样的任务和结果（即游戏的目的），显然，这些还是超越他们能力之外的事情。所以，他们不会去考虑建立游戏规则，不会进行角色和任务分配，即使在成人的协助下，他们也不能成功地维护规则。

善于察言观色：移情的社会化

察言观色的"心理大师"

4 岁的孩子已经能够正确识别并简要形容他人的简单面部表情或肢体语言。例如，给他们讲故事或者看图画书时，有的孩子能根据故事情节或图画表达出故事主人公的可能感受，有的孩子能够对主人公气愤或伤心的情绪产生共情。正因为如此，这个阶段的孩子更加迷恋看动画片，因为他们能够从动画人物富有表现力的表演中，察觉故事中人物的情绪变化和故事情节内容。

在日常生活中，4 岁的孩子对他人情绪变化中心消极情绪的理解和关注要好于积极情绪。但是他们还不能真正理解外在表情和真实情绪的差别，不能区分外在情绪之下更丰富和更复杂的内在情绪。通常，在察言观色方面，小女孩的能力比小男孩更强，这使得她们能更好地根据外部情绪要求表达自己的情绪。

识别他人的情绪感受有助于促进 4 岁孩子的社交能力的发展。当他们意识到他人内心的想法、感受、情绪有时候与自己不同时，当他们发现自己知道的东西别人可能不知道、自己喜欢的事情别人可能不感兴趣时，他们就能对周围的人和事建立起基本的认知和判断，并能以此调整自己的行为以做出相应的回应。

用共情的方式关心人

由于 4 岁的孩子还未完全走出"以我为中心"的世界，许多孩子一旦意识到他人遭受了痛苦或不幸，就会表现出明显的如同自己遭受了痛苦般的迹象。在这种情境下，他们可能会选择哭泣、逃避甚至攻击性行为来缓解自己的不适。这是他们运用共情来关心他人的一种方式。但对于这个年龄段的孩子而言，大多时候，他们只有在成人的引导和暗示下，才会去关心和安慰他人，并且关心他人的主要动机还是保护自己。比如，他们会以掩饰或夸张的情绪，甚至是"撒谎"的方式来回应他人的情绪以保护自己。这就是很多心理学家建议 4 岁的孩子不能作为证人的原因。对此，有人做过下面这样的实验。

把一群 4 岁的孩子分成两组，一个研究者先进来告诉他们：莫丽太太家的珠宝被小偷偷走了。莫丽太太回到家，看到珠宝丢了，很着急。说完三遍后，这位研究者就出去了。然后，另一个研究者走进来，很着急地问孩子：谁看到莫丽太太家的珠宝被偷走了？有的孩子马上举手说：我看到了，是一个叔叔，从窗子爬进来，看到家里没人，就打开莫丽太太的抽屉，看见里面有一串红色的珠宝，就拿走了。偷到珠宝后，他肚子饿了，就跑到厨房，打开冰箱，吃了面包，然后就逃跑了……孩子们的答案五花八门，他们中大多数都会绘声绘色地描绘偷盗情景。

这是一个经典的实验。从中我们可以看出，4 岁的孩子是多么善解人意又乐于帮忙，他们看到后一个研究者那么着急，不惜以"谎言"的方式满足他的愿望。这是一种出于本能的善良愿望，因为成人在询问时，暗含了"希望孩子看到"的情绪，用了"谁看见……"的问法，4岁的孩子就会顺着成人的意愿去满足他了。这是 4 岁的孩子在与人交往中理解和关心他人的一种普遍表现，更是一种真实的写照。

想与爸爸或妈妈结婚：性别角色

俄狄浦斯情结

4 岁的孩子在经过初步的性别自认后，为了获得性别角色而进行不断的强化，他们对于父母的依恋发生了变化。大多数情况下，男孩由喜欢爸爸逐步转为喜欢妈妈，女孩由喜欢妈妈逐渐转为喜欢爸爸，出现了所谓的"恋母情结"和"恋父情结"。在这个阶段，孩子会经常公开宣布："妈妈，我长大了要和你结婚！""爸爸，我要和你结婚。"有些孩子甚至在与父母的三者关系中，开始表现出明显的排斥行为。比如，很多小男孩晚上睡觉单独和妈妈睡而不要爸爸；在户外时，爸爸如果和妈妈亲密地牵手一起走，孩子就会横插其中，生硬地将他们分开。

对性别差异感兴趣

在这一年龄段，有些孩子还会对父母的身体表现出强烈的好奇心，他们喜欢看父母洗澡或换衣服，并向他们提出很多关于两性的问题。比

Tips

其实孩子的"恋父"或"恋母"行为是在表达"我很爱妈妈"或"我很爱爸爸"。此时，孩子在与同性别的父母的竞争关系中，逐渐向同性别父母学习，从而发展自己与社会性别相符合的性别角色行为。

如，"妈妈的胸为什么比爸爸的大？""妈妈为什么不长胡子？"面对这
些稀奇古怪的问题，父母需谨记，这是 4 岁孩子对性别差异感兴趣的
正常方式，父母明智的做法是，允许孩子进行自然的观察，并对孩子
的问题做客观正常的回答。还有些孩子热衷于模仿同性别父母的一些
行为。例如，小男孩拿着爸爸的剃须刀，照着镜子有模有样地刮胡子；
小女孩穿着妈妈的高跟鞋在家里踱来踱去。

以游戏的方式理解"性"

4 岁的孩子会通过各种活动和游戏来发展自己对性的理解。比如，
他们会玩过家家、生宝宝的游戏，还会经常做出一些触摸生殖器的小动
作。另外，他们也一直不断地探索"孩子是如何出生的"问题。他们经
常好奇地问自己到底是从哪里来的；或者指着父母的结婚照问自己为什
么不在上面。有些孩子还会好奇：为什么爸爸不会生孩子？其实，这些
都是他们在以不同的方式建构孩子出生的理论。

适应充满创意的集体生活：群体交往

社交范围逐步扩大

经过一年的幼儿园生活，4 岁的孩子逐渐拓展了自己的社会交往范围，适应了幼儿园的集体生活，增进了对幼儿园的情感。他们不仅在班级里有了自己喜欢的好朋友，而且也与老师建立起较稳定的依恋关系，并能与老师交流自己的想法和要求。这个阶段的孩子开始喜欢上幼儿园，不再像 3 岁时那样，因为上幼儿园的各种问题让父母伤透脑筋。他们对自己的小班级有了深厚的感情，经常会给别人主动介绍自己的幼儿园和班级，比如，"我是 XXX 幼儿园的。""我在中三班。""我的好朋友是 XX。"

适应幼儿园集体生活

4 岁的孩子对幼儿园的集体生活很感兴趣，这个阶段的孩子很少喜欢一个人独自玩，他们与同伴共同玩耍的意识加强，开始认同和接纳同伴，并逐步学会和同伴分享玩具。只要和同伴在一起，他们就会生出很多充满想象和创意的游戏。幼儿园精心设计的"游戏化的一日生活",使他们能够最大限度地消耗多余体能并发展技能。另外,丰富多彩的环境设施和众多的同龄玩伴,都能为该阶段孩子的人际交往和社会适应提供最好的支持。可以说,一所轻松活泼、充满乐趣的幼儿园是让所有4岁孩子着迷的乐园。

第二部分

做智慧的"4岁"父母

为人父母的首要职责就是，要在孩子最需要你的时候，以他们最需要的方式去帮助他们。

　　对于4岁的孩子而言，好父母要能发挥三种角色作用：安全管理员、情感教练员和资源侦察员。并且，父母们需要在理解自己孩子的基础上，懂得一些轻松育儿的好方法。

第 1 章

孩子4岁了，你准备好了吗？

4岁的孩子比3岁时更加独立，挑战父母权威和极限的方式也更为复杂。面对孩子越来越具有难度的挑战，父母的应对方式及对自己情绪的处理就显得尤为重要。当4岁的孩子与你的生命相遇，你准备好了吗？

当生命与4岁的孩子相遇

"4岁"父母初长成

亲爱的爸爸妈妈们，恭喜你，转眼间你已经成为4岁孩子的父母了！伴随着日夜兼程的育儿生活，你已经走过了相当长的一段路程，在很多事情上储备了足够的经验和能量。有一天，当那个不通人情的小家伙突然对你说："妈妈，我好爱你！""爸爸，你在哪里，快回家，我想你了。"……你是不是惊喜得半天回不过神儿来？那种感觉，就像一个正在挑战极限的运动员，突然听见裁判的口令："恭喜你，你已成功闯过第四关！"你暗自庆幸，并深感安慰，面前的这个孩子，每一秒的变化，每一点的进步，都蕴含着你陪伴他从出生至今的 1460 多个日子，每个惊喜的时刻你都铭记在心，每个艰难的关口你都历历在目。

过去的四年时间，你几乎毫无保留地给了孩子，使自己的生活围绕着这颗"小太阳"转动。有些父母每天坚持写日记，记录孩子的成长和育儿心得；还有的妈妈选择做全职妈妈，从早到晚陪伴这个小生命成长；即使是那些平时工作繁忙的父母，也变得有的放矢，将天平的重心倾斜到孩子这一边。庆幸的是，4 岁的孩子对于父母的付出，开始有了真正的感知：他们可以在父母的眼神里看到无边深情的爱；在父母的话语里听懂生活的规则和要求；在父母的臂弯里感受到甜蜜的芬芳；在父母的背影里一次次获得安全感。因此，他会发自内心地对父母说："妈妈，我好喜欢你。""谢谢你，我的好爸爸。"这是孩子成长到 4 岁，献给父母最美的回报。

爸爸的角色作用凸显

同时，爸爸在 4 岁孩子的心里，地位也显得越来越重要。孩子越小，妈妈的作用就越大。3 岁前，爸爸的作用对孩子来说，很多时候是间接的。但是到了 4 岁，爸爸对孩子的作用变得越来越直接。随着孩子吃、喝、拉、撒、睡等生理需求的逐步减弱，他们对外部世界及精神生活的兴趣逐步增强，他们需要一个带他们走得更远的人、一个规则的权威、一个在他与妈妈陷入矛盾僵局时能帮他解围的英雄……这是孩子成长发展的新需求。

与孩子同步成长

4 岁这一年，孩子的许多变化和发展会更使你惊喜不已，他会不断冲破自己的小宇宙，随时准备着向一切的未知前进；他会不断地试探自己力量的边界，在莽撞与畏缩之间来回徘徊；他希望走出你所给予的环境和界限，开拓父母巢穴之外的关系疆域。正如有人形容他们，"栖息在我们父母的巢边，闪动着稚嫩的翅膀，叽叽喳喳地叫个不停，并朝我们昂起他们的脖颈。要知道，这每一次展翅都是一个契机，每一声呢喃都是一条信息，每一次昂首都是一份礼物。"

父母在这一年给予孩子的养育和帮助，不仅会影响到他现阶段的状况，也将决定他未来的发展。这是你帮助孩子建立基本的社会规则、鼓励他们大胆自信地迈出社会交往第一步的关键时期，也是稳固亲子情感纽带的关键时期。幼儿期的每一年对孩子来说都是重要的关口，父母不能因为孩子长大了，开始了幼儿园生活，就懈怠做父母的重任和热情。

在 4 岁这一年，父母要更珍惜和孩子在一起的时光。从孩子开始进

Tips

父母要更加注重
对孩子精神生
活、情绪情感的
引导，做与他们
同步成长的父
母。

入幼儿园起，你与他相处的时间就大大缩减：早上把孩子送到幼儿园，傍晚时接回来；有些父母由于工作原因，晚上回家时孩子已经入睡，早上起床时孩子还未醒来，很难与孩子有真正的"见面"。但这些不能影响你养育孩子的主体责任和投入热情，随着孩子生活重心的改变以及身心发展的新要求，父母要紧紧跟随孩子成长的脚步。正如情商研究大师约翰·戈特曼所言："孩子的每一次激动、悲伤、愤怒或者害怕，你都要陪伴他度过。为人父母其实就是要在孩子最需要你的时候，以他最需要的方式去帮助他"（《培养高情商的孩子：让孩子受益一生的情绪管理方法》，约翰·戈特曼著，付瑞娟译，浙江人民出版社，2014 年）。

你是怎样的父母？

你是哪种管教类型的父母？

三个孩子正在餐馆的走廊里来回奔跑，脚步踏在地板上发出的噪音中掺杂着他们尖锐刺耳的叫喊声。这让周围正在用餐的其他客人不胜其烦，他们频频地用愤怒的目光扫视着这些孩子，忍不住朝孩子们的父母投以责备的眼神以示提醒。孩子们的父母正坐在餐桌边，他们对孩子的行为以及周围人的反应，做出了不同的回应。

第一位妈妈似乎习惯了孩子这样的表现，对于其他人的抱怨也似乎是司空见惯了，而且对孩子的这种表现似乎有种内心的认同。看着从自己身边呼啸而过的孩子，她只是唉声叹气，无奈地摇摇头，对其他两位家长说："这些熊孩子，到哪里都这样，快把地板都震塌了，真是拿他们没办法……"

孩子们继续疯跑大闹。

第二位妈妈终于停下谈话，站起身来冲着自己的孩子大声吼道："快点回来，坐在这里不许乱动！到哪里都这么不守规矩，再不听话，待会儿就别想吃冰激凌！听见了没有？"听到她的吼叫，孩子们先是怔了一下，然后还是转头继续玩。

第三位妈妈离开自己的座位，走到孩子们的身边，对他们说："宝贝，你们的声音有点太大了，看来大家今天心情都不错嘛，个个都跑得跟小火车一样！不过这里是大家吃饭的地方，桌子这么多也容易碰伤你们。要不让"小火车"都先充充电，补充点冰激凌，一会儿我在外面的广场上给你们画一个障碍铁轨跑道，妈妈们当裁判，怎么样？"孩子们愉快地答应了。

如果让你来做评判，你会赞同哪位妈妈的管教方式？

第一位妈妈属于放任型的管教风格，对孩子"无为而治"，基本是放任孩子的行为，认为孩子的行为很正常，时间一过就自然好了。但这种管教方式很可能由于父母未能正确地告知孩子规则和界限，使孩子

表1：　情绪发展能力测量简表

问题维度	问题描述	1	2	3	4	5
情感强度	● 当遇到孩子不听话、闹脾气、大声哭闹或摔东西时，你的反应是安静耐心地制止，还是大吼大叫、难以冷静？					
情绪恢复能力	○ 当孩子的某种行为举动让你感到愤怒、焦虑或不安时，你能否很快从这种情绪中平静下来，还是难以平静？					
体能与精力	● 当孩子已经缠你很长时间，还要继续要求你陪他的时候，你是急需独自安静休息一会，还是能够继续陪他到底？					
对新事物的接纳度	○ 你对新的想法观点、新安排的活动、初次见到的人或地方的第一反应是能完全接纳，还是完全拒绝？					
对变化的适应性	● 你对养育孩子过程中发生的变化或突然改变的计划，是能很快适应，还是难以适应？					
敏感性	○ 你对别人怎样看待和评论你、你的孩子、你的家庭是十分敏感，还是完全不敏感？					
注意力集中程度	● 你是否经常因为被其他事情打扰就会分神，而忘记原先计划好要做的事情？经常会，还是从来不会？					
生活规律性	○ 你在一日三餐、就寝、如厕、身体锻炼等方面，非常有规律，还是非常不规律？					
情绪状态	● 绝大多数时间，在孩子面前，你都是快乐和积极的状态，还是非常消极沉闷的状态？					

注：本表内容改编自美国纽约大学医学中心的托马斯和蔡斯（A. Thomas ＆ S. Chess）的"气质发展理论"。

这是一份《情绪发展能力测量简表》，现在请把你的各项得分加起来，看看你的得分情况。

如果得分在 9 ~ 18 分，说明你基本属于乐观冷静型的父母，在养育孩子方面一般比较积极乐观、较有主见。

如果得分在 29 ~ 45 分之间，说明你基本属于情绪化的父母，在养育孩子方面不太能控制自己的情绪，容易受外界环境和因素的影响。

如果得分在 19 ~ 28 分之间，说明你是处于"冷静型"和"情绪化"之间的父母，在养育孩子方面较沉着稳定，但偶尔也会受到外界环境的影响，情绪起伏不定。

在了解自己是怎样的父母后，你可以把它作为参考，提醒你在哪些方面具有育儿的潜力和优势，又会在哪些方面容易遇到麻烦，即哪些方面是你育儿的强项，哪些地方属于软肋。例如，如果你已经知道自己是一位具有较高的情感强度、不容易控制自己情绪的父母，在遇到孩子不听话、闹脾气、大声哭闹或摔东西的情况时，就要提醒自己及时保持冷静或暂时离开现场，必要时可以使用篮球教练那种暂停时间的方法，给自己一个缓冲和反思的机会，等到情绪平稳后再来处理孩子的问题。

了解自己的个性特征及情绪反应倾向，才能更好地应对亲子关系中的各种情况和变化，做出最利于亲子关系发展的回应，做最令孩子和自己满意的父母。面对这张父母自我画像，你从中看到了什么？

4 岁的孩子比 3 岁时更加独立，挑战父母权威和极限的方式也更为复杂。4 岁的孩子可能会对父母的要求回答："现在不行，我正忙着。" 3 岁的孩子顶多只会说："不！"显然，4 岁孩子的拒绝方式更加高明。

试想这样一个场景：

好朋友带着她 3 岁的女儿来你家做客，对于这个新鲜的小客人，你那 4 岁的女儿显得极为友好和兴奋。她带着小客人一起玩得其乐融融，不亦乐乎。正当你和朋友惊叹孩子的懂事时，尖叫声和哭闹声传来了。4 岁的女儿正在拿芭比娃娃打 3 岁的小客人……

如果你就是场景中的妈妈，你的第一反应是什么？你的情感反应强度如何？

如果你是一位在事态发展与自己的期望不一致时就难以接受的人，那么你首先就会产生一种负面的情绪——失望夹杂着愤怒。而且如果你对别人怎样看待和评论你的孩子十分敏感，你又会觉得很没面子。有了这样的第一反应后，你就会冲上前去制止孩子的行为，你会用一种强制的手段，去训斥和管制你的孩子。

相反，如果你是一个随和的乐天派，即使事情的发展并不如你所想，你也能顺其自然地接受，觉得事情发展成这样自有它的道理，孩子在一起玩时打打闹闹在所难免，最重要的是怎样安抚孩子，引导他们更顺畅地在一起玩。有了这样的反应态度后，你首先就不会火冒三丈，而是会安静耐心地制止孩子们的不当行为，把这样的突发事件变成引导孩子处理情绪和解决问题的难得机会。

面对孩子越来越复杂的挑战时，父母的应对方式及对自己情绪的处理就显得尤为重要。当你猝不及防地面对一些情况时，你的第一反应通常如何？你的情绪控制怎样？你对因孩子的变化而带来的新情况的适应能力怎样？你处理突发事件的灵活程度如何？仔细想想，在处理孩子的同一个问题上，为什么爸爸妈妈的态度和做法总是相差很大？静下心来，好好分析一下自己的性格反应类型，也许在这里，你能看到另一个不熟悉的自己，也能找到如何与孩子翩然共舞的最好的答案。

好父母的三重角色

对4岁的孩子而言，好父母要能发挥这样的三种角色作用：安全管理员、情感教练员和资源侦察员。

安全管理员

对于 0 ～ 6 岁的孩子来说，父母始终是孩子健康成长的首要监护人和"安全管理员"。孩子长到 4 岁，总是幻想自己已经是大孩子了，总是想尽快挣脱父母的束缚，超出父母的界限，去证实自己的速度与力量。所以很多时候，在马路上跑得像风一样的是他们，借着其他东西爬得最高的是他们，在浴室里搞水的科学实验的是他们，在厨房里玩火的也是他们……在 4 岁孩子开启的"航海时代"里，危险无处不在，父母一定要继续做好保障他们安全的各种防备和管理。尤其是在人群杂乱的公共场合，更要看护好孩子的每一步行踪，在外出时刻，做好安全出行的一切防备，尤其是游泳池、扶手电梯、私家车、游乐场等有安全隐患的地方，要随时把有关人身安全的信息，以孩子能够接受的方式告诉他们。

情感教练员

父母要做好 4 岁孩子的"情感教练员"。4 岁的孩子能逐渐离开父母，开始半社会化的生活，他们绝大多数时间是要在幼儿园的小集体中度过的。这个年龄的孩子本身开始向往集体生活，热衷于探索人与人之间的关系。在孩子开启这样的生活的时候，父母有责任做他们情感的引导者和教练员，使他们学习掌握一些与人交往的规则，在外面做一个受人欢迎的人。这对于 4 岁的孩子来说，是至关重要的帮助。情感引导不仅会帮助你的孩子学会认识、表达和调节自己的情绪，有助于他的语言表达能力的提高；从亲子关系的角度讲，还可以促进你和孩子之间的沟通，加深你们之间的感情。在你的引导下，孩子将习得宝贵的社交技能，懂得如何去照顾别人的情绪，顺利地结交新朋友，维持童年宝贵的友谊。

资源侦察员

随着孩子对外部世界兴趣的日益浓厚，父母还要做他们成长资源的供应者和侦察员。在孩子没长到 4 岁的时候，父母就是他们的第一环境和首要资源，凡是他们所需要的，几乎在父母这里都可以得到应有的满足。但是到了 4 岁之后，他们的关注点逐步从父母的身上开始转移，对外部的人和物有了越来越浓厚的兴趣。因此，父母要在平时用心观察孩子感兴趣的东西，尽量多提供给他们相应的资源和获取途径，多带他们到更广阔、更不一样的环境里探索发现，尽可能地丰富他们的感知印象和体验。这种资源的影响对于孩子今后的人生将有极其深远的影响，正如有位大器晚成的雕塑家回想自己的童年时说道："我生长在一栋充斥着绘画和音乐的房子里。从我很小的时候就开始和这些事情相关，不是看着它们，就是在它们的环绕下嬉戏。是爸爸创作了这些，他这么做不为任何人，所以我得到的经验是，人们用它来消磨时间。很多人不知道该怎么做，但对我来说却再自然不过了。"另外，也要走出父母是孩子教养的唯一资源的观念，为孩子的发展寻求很多的路径和资源，这是每位父母都应该为孩子努力做到的事情。

最重要的教养原则

原则一：努力理解孩子

4 岁的孩子很淘气，爱惹麻烦，但每一个麻烦肯定都是出于某种动机。即使他们把事情搞得一团糟，也绝不是出于恶意。父母面对孩子时，应设身处地地考虑孩子做出某种行为的原因和动机，考虑孩子到底为什么会做这些事情，而不仅仅是只注意"他们做了什么"。父母要带着这些问题去仔细观察孩子的行为，在此基础上认真分析和理解。

例如，你刚打扫完地板，可是一转眼，孩子就把茶叶撒了一地，茶几上也被搅和得满是茶叶末。后来才知道，孩子惹出这个乱子，是因为她想泡茶给妈妈喝，而且还差点把水泼得满地都是。如果妈妈眼里只有孩子带来的灾难，看不到孩子行为后面的原因，勃然大怒批评他："难道没看见妈妈打扫卫生很辛苦吗？"那就说明她没能理解孩子的一片体贴之情，这样的结果是孩子很委屈，以后再也不愿意为父母做事了。

再比如，孩子搞破坏，用剪刀给洋娃娃"豁膛破肚"，把里面的填充物全拉出来。如果父母能从孩子的思维方式出发，推测这是因为孩子在听到家里人谈论有人生病做手术，因而担心自己的洋娃娃生病了，学医生给洋娃娃做手术，或者认为孩子是想看看洋娃娃肚子里什么样，父母就不会发火了，他们还会对孩子说："做完手术就赶紧给洋娃娃缝线吧，现在它已经被你治好了，真是了不起的医生！"这样孩子不仅得到了父母的理解，还可能因自己的能力有了更大的梦想。

原则二：尊重和接纳孩子

到了4岁，孩子各自的性格特征逐渐表现出来了，有的孩子生龙活虎，有的安静内敛，有的性情急躁，有的畏缩不积极，有的喜欢折腾，有的慢慢腾腾……这些都是孩子先天所具有的性格，没有优劣之分。作为父母，最重要的是观察和了解自己孩子的性格类型和发展方向，重视自己孩子独有的特点，尤其不能拿自己的孩子和别的孩子进行比较。

4岁的孩子大都升入中班，由于平时和班级其他小朋友接触玩耍的机会越来越多，父母就会不自觉地会拿自己的孩子与别的孩子比较。比

Tips

父母要把焦点放在孩子的需求上，尽己所能地去理解孩子，认真对待孩子的感受、需要和问题。要知道，无论孩子的行为表现如何——听话或是叛逆，都希望在你那里得到充分的理解和接纳。不要仅停留于孩子的行为结果上，要求孩子一定要达到自己的期望和要求。

Tips

"无条件"是由人本主义心理学家罗杰斯提出的，与之相对的是"有条件"。父母对孩子无条件的接纳就是指不论孩子的品质、情感和行为怎么样，父母都要首先接纳孩子，而不是要求孩子满足一定的条件才给予接纳。

如，看到别的孩子长得高，心里就嘀咕"哎哟，是不是我家营养不够呢"；看到别的孩子跑得快，就会想"为什么我家孩子跑得慢呢"；听到别的孩子能主动打招呼，就会羡慕"我家孩子咋就不如人家有礼貌呢"。

父母有这样的反应，哪怕只是一个念想，对养育孩子都极为不利。世界上没有人愿意活在"被比较"的状态里。4 岁孩子正在寻找和建立完整的自我，父母的无条件接纳和爱是他们日后完整人格的基础养料，老拿自己的孩子与其他孩子比较，或者总是拿他人的模板来规定要求孩子，只能使孩子对自己产生怀疑和不满，不利于孩子的长远发展。所以，对于那些做事不怎么"好"的孩子，父母更要多多肯定他们做事的状态，用尊重孩子自尊的方式鼓励他们。

另外，父母还要尊重和肯定孩子的感受。4 岁孩子已经是一个接近"成熟"的人了，他们有时候甚至比你想象得更有主见和见识。有时候，他们比父母更清楚自己是犯困还是饥饿，更了解朋友的特点，更了解自己的想法和目标，更了解身边不同人的态度和风格，更清楚隐藏在自己体内的冲动和需要，更知道自己爱谁、不爱谁，最喜欢什么、不喜欢什么。

父母不能仅仅因为自己是成人，是父母，就觉得自己一定比孩子更洞悉他们。比如，当孩子当着对方的面，很生气地宣布他不喜欢这个人时，你对其惊呼："怎么能这么说呢？你看 XX 对你多好啊，这样说是不礼貌的。"对于 4 岁的孩子而言，这样的说法不仅起不到解决问题的作用，而且会让孩子更加沮丧和反感。他会对自己当下的感受产生深深的怀疑和内疚，觉得自己的感受是错误的，这对孩子的自我发展极其不利。但是如果你能够俯下身来，首先接纳孩子此刻内心的感受，和他一起探寻感受背后的原因，孩子的感受得到了充分的肯定和尊重，就会打开心扉与你交流，听从你给他的建议。

原则三：育儿的成功 = 反复提醒 + 耐心等待

"进门先洗手才能吃东西，到底说多少遍你才能记住啊？"

"人多处不能乱跑，难道你忘了我是怎么说的吗？"

……

父母经常会把类似这样的话挂在嘴边。孩子不是天生的规范接受者，同样的事情，父母要叮嘱好多次，孩子才能记得住。4 岁是孩子建立规则和养成良好行为习惯的关键期，他们需要从外在的关系和服从中，慢慢将"外在的规则"内化为自己的规则。正如缝纫手艺中的"假缝"一样，为了使针眼整齐，裁缝会以醒目的"假缝"在正确的位置上粗略缝一下。为了使孩子将外在的规则内化为内在的规则，父母需要在正确的地方"假缝"；而每天的提醒就像是"假缝线"，等孩子真正把这些规则内化成自己的东西后，父母的唠叨就可以功成身退了。

父母管教 4 岁的孩子要怀着期待，不急不躁，要把希望孩子学会的东西耐心地告诉孩子。不管是生活规矩还是社会规则，由于各种原因，孩子在父母说过一遍后不可能立刻记住、马上学会。这个时候，父母只需要一遍遍地教给孩子如何去做，至于他们何时能独自完成这些事情，并内化成自己的习惯，则由孩子自己决定。在孩子还不能做到时，你只需在一旁耐心提示。父母可能会觉得无可奈何，"刚才我不是已经说过了吗？""到底要我说多少次你才能记住呢？"但即使说上几十遍，对孩子来说，仍然可能一次做完就会忘记。因此，父母只有不气馁，孩子才能长记性。

原则四：快乐教养是育儿的最高智慧

在 0～6 岁孩子的生命中，游戏是活动的主导形式。父母要时刻牢记孩子发展的这一心理特征，借助游戏把爱和愉快的情绪带入为人父母的过程中，多用游戏化和幽默的方式，使育儿成为一件充满爱意与浪漫的事情。

父母只有在繁重的育儿生活中整合进游戏、幽默和爱的元素，才能变烦琐为轻快，变枷锁为翅膀，带着孩子过上快乐幸福的生活。图画书《我绝对绝对不吃番茄》的作者罗伦·乔尔德就是这样一位充满诗意的成人，他对儿童内心有深刻的洞察力，善于在孩子成长的烦恼中挖掘幽默素材，发现育儿的快乐元素。比如，孩子拒绝吃饭、严重挑食可能是每个父母面临的难题，但是在乔尔德这里，对付这样的"熊孩子"简直就是小菜一碟。

《我绝对绝对不吃番茄》这本图画书的小主角是4岁的小女孩萝拉，她是个非常挑食的家伙：不愿意吃胡萝卜，说胡萝卜是给小兔子吃的；也不吃豌豆，因为豌豆吃起来太小了，而且颜色也太绿了；也不吃土豆、蘑菇、面条；也不吃鸡蛋、香肠；不吃花椰菜、卷心菜、烤豆；也不吃香蕉、橘子、苹果；不喜欢吃米饭、奶酪和炸鱼块；并且，她绝对不吃番茄！

照顾萝拉的哥哥想出了一个极有趣的办法（其实在这里哥哥只是智慧父母的化身），他把吃东西变成了一场梦幻的魔术之旅。在这样的游戏中，胡萝卜变成"木星上来的橘树枝"，豌豆变成"绿色王国来的绿色圆球"，土豆是"从富士山的山尖上飘下来的云朵"，炸鱼块是"海底超市里的美人鱼"，番茄变成美丽的"喷水月光"，绝对不吃这些东西的萝拉，在不知不觉中把所有的东西吃了个底朝天，这究竟是什么样的魔力所致呢？

游戏、幽默、愉快的情绪，是化解教育危机最有力的武器。当父母用愉快的心情来进行管教，就达到三个重要目标：第一、父母用正面而有建设性的方法来管理自己的负面情绪；第二，提供给孩子一个有效的、有建设性的方法来管理他们自己的情绪，完成他们自己本该完成的事情；第三，给孩子一个好榜样，让他们将来长大有自己的孩子时候能有所依循。孩子让人难以容忍的行为是短暂的，父母如何处理那样的行为，却会产生长期而持续的影响。

做孩子的精神榜样

亲子关系的新阶段：电话关系

紧抱着幼小的生命把孩子拉扯到 4 岁的父母，正在走上一条与孩子渐行渐远的路。孩子的自我逐步强大，能力日益增强，与外界接触交流频繁加深，这预示着他们正一步步走出父母的世界，走向更独立的自己和更宽广的社会。也许父母会感到不安和失落，孩子在某些时刻突然不再那么依赖你、需要你。实际上，在貌似不需要的背后，隐藏着最迫切的需要，那就是孩子对你精神的依赖，及精神成长的需求。

从 4 岁开始，父母与孩子的关系将进入"电话关系"阶段。从此告别了婴儿期的"拥抱关系"（即父母与孩子紧紧拥抱在一起，互相温暖、互相慰藉、互相获得安全感的关系），以及二三岁时的"秋千关系"（即随着孩子自我主张逐步增强，父母在旁边一边推秋千，一边去理解引导孩子的心理）。4 岁的孩子在进入外部世界时，总会遭遇各种的波折，产生许多不安。这时，父母应成为他们背后的精神力量，在他们最需要外援的时候第一时间赶到现场。用一种形象的比喻，这个阶段的父母像是随时守在电话旁边的辅导员，多数时候都在等待孩子先说话，这种等待的心理对于孩子精神方面的独立非常重要。即使是和孩子通话时，也应该把"我相信你"这样的信号传达给孩子，然后轻轻放下电话。

如何做孩子精神的父母

做孩子精神的父母，并不意味着父母要减少养育行为，而是指要选择更好的养育模式，给予孩子更多的支持和更少的控制，不要被繁重的育儿生活淹没自己，不要只顾眼前的处境，忘记孩子的成长其实是一件需要长远眼光的事情。

然而，在现代社会里，做孩子精神的父母何其之难！不同于我们以前的社会，现代社会孩子的抚养、教育全都由父母承担，这是一件非常辛苦、非常有挑战的事情。尤其对于一些朝九晚五奔波于工作与家庭之间的父母，繁重的生活几乎占去了自己所有的时间和精力。有的父

Tips

父母要适当地给自己预留一些时间和空间，不时地给自己挑战和充电的机会，这对孩子的发展是大有好处的。

母可能会想，照顾孩子已经够忙了，根本没有精力去为自己充电，一切美好的计划等到孩子长大一点再说吧。现实中，许多原本优秀和上进的女性，自从变成妈妈，多数都有这样甘愿自我牺牲的心理。但实际上，如果在父母的世界里只有孩子，那孩子也会很辛苦，当他们发现自己的父母除了带孩子之外别无所长，这也是很不好的事情。

从给孩子树立良好的人生榜样的角度看，一个不断尝试新事物、勇于接受挑战的父母的形象是非常重要的。因为，养育孩子不只是父母为孩子做了什么，提供了什么物质保障和资源，更包括父母积极的人生态度和精神追求给孩子带来的影响。作为 4 岁孩子的父母，这是你最需要送给孩子的东西。

第 *2* 章

给予 4 岁孩子关键期的帮助

4 岁的孩子正在由"幻想世界"向"真实世界"过渡，从"具象思维"向"推理思维"过渡。对新事物兴趣盎然，他们的世界就像豁然被打开了另一层天窗。4 岁是孩子开启各方面的学习能力、自我控制能力、文字符号感知能力的关键期。父母要抓住孩子这一规律，结合游戏和爱的力量，助其积累学习经验并构建外部世界。

借助游戏促进孩子的学习

小游戏，大作用

泰泰自从升入中班后，生活自理能力和动手能力提高了很多。一天，他从幼儿园回来，自豪地宣布他会系鞋带了，边说边拿着妈妈的运动鞋来示范。泰妈很惊奇，因为她觉得系鞋带这种高难度的精细动作，超出了孩子的能力范围，这也是她不敢给孩子买系鞋带鞋子的原因。泰泰自信地向妈妈展示新本领：他坐在地板上，拿着妈妈的运动鞋熟练地把鞋带系成了漂亮的蝴蝶结，接着又从鞋架上搜寻到另一双有鞋带的鞋子，要继续展示……这真所谓"一日不见，当刮目相看"，妈妈好奇孩子怎么突然就会系鞋带了呢。孩子告诉她是老师教会他们的，班里的其他小朋友也都学会了系鞋带。关于系鞋带，泰妈不知道教过孩子多少次了，结果都不成功，为何老师用一天的时间，就解决了这个难题？带着这个疑问，泰妈详细地询问了泰泰。原来今天在幼儿园，老师设计了《小熊过生日》的游戏主题，老师把硬纸片折成小的生日包裹，分发给每个小朋友，让他们装上要送给小熊的礼物，然后再给小朋友们色彩各异的丝带，让他们系成蝴蝶结形状来装饰生日包裹。孩子们选择自己喜欢的丝带，跟着老师的演示和口诀，开始给小熊装饰生日礼盒："两条小蛇碰碰头，8 字穿桥过"，孩子们跟着老师边说边做，完成交叉第一步；"回头再来碰碰头，弯腰顶屁股"，将手里的丝带各自对折后，将对折的地方对在一起；"两个屁股碰一碰，8 字穿桥过"，将对折的两头绕 8 字各从下面拉出，朝着相反方向用力拉；"两条小蛇扭一起，变成小蝴蝶"，系蝴蝶结完成。泰泰一边兴致浓浓地描述，一边系完鞋带，然后又开始系家里其他带绳子的东西，乐此不疲。

　　系鞋带这件事，在绝大多数人眼里只是生活中无足轻重的一个小动作，但在许多父母那里却是一件带有里程碑性质的大事件！对于多数 4 岁的孩子而言，能熟练地系上鞋带去上学，是一件带有难度系数的事。为什么在泰妈眼里比登天还难的系鞋带，到了幼儿园老师那里变成了小菜一碟？这件事虽小，但给迷茫中的泰妈很大的触动。自从泰泰4岁升入中班之后，她总是考虑如何能给孩子提供尽可能多的机会，让他多接触、多体验、多学习和掌握一些知识和技能。为此，她带泰泰尝试上幼儿围棋、乒乓球、武术，可是结果总是孩子三分钟热度，尝试后就没有热情。因此，怎样才能激发孩子学习的动力，如何才能让孩子轻松地掌握新技能，是她一直思考和头疼的事情。经过"系鞋带"这件事情，泰妈又有了新的领悟。

Tips

要激发孩子的学习动机，最重要的莫过于，你用什么方法把他们可能感兴趣的东西介绍给他们。

在游戏中激发孩子内在的学习动机

缺乏动机，是孩子学习的主要障碍。对于学习，只要他们觉得不好玩，不能燃起内心的快乐感，他们就很难继续下去。4岁的孩子正处于由幻想向真实过渡的阶段，"宇宙"的转动暂时还是"以我为中心"。在他们的世界里，东西只有投"我"所好，为"我"所爱，才能激发起"我"继续关注并学习它的兴趣。了解这一点，对于4岁孩子的父母尤其重要。

20世纪50年代，苏联著名的儿童心理学家维果斯基做过这样的实验：他让一群4岁左右的孩子站着不动，结果孩子们只坚持了2分钟就站不住了。接着，他让另一组孩子当哨兵，坚守自己的岗位，没想到这组孩子可以保持11分钟纹丝不动。人是"寻找意义"的动物，游戏通过赋予孩子"哨兵"的角色，提高了他们的身份意识和责任感，也锻炼了他们的自控力。这与第一组孩子接受的无意义的指令——站着不许动——明显不同。可见，游戏对于唤起孩子的内在动力十分重要。

同样的一件事情，对于孩子唤醒的方式不同，结果也大为不同。在"系鞋带"事件里，老师巧妙地将"让孩子掌握手部精细动作"这样一项技能的学习任务，转化为"给小熊包装生日礼物"的情境，用孩子偏爱的故事、韵文和童谣，告诉他们动作的要领，利用孩子对假想世界中小熊这个好朋友的爱，激发孩子完成生日包装的热情。运用这些方法把系鞋带的技巧介绍给孩子，就是以孩子自发的动机为基础，让学习变得既有趣又好玩。

借助"具体形象思维"帮孩子掌握新知识和新技能

4 岁这个年龄阶段，学习的主导形式是游戏。由于真正的推理能力还未发展，孩子依旧偏爱用身体和感官来主动探索世界的新鲜地带。他们在生活中，不是靠正规的"仔细看我怎么做"或"按照我说的步骤来做"这样的方式来学习的，而是靠"这个看上去很好玩，我想弄明白怎么回事"，或"听起来真有趣，我还想多听些"这样的方式来学习的。例如，在泰泰学习"系鞋带"的事件中，孩子们有了给小熊送礼物的热情后，老师用了一种拟人化的童谣，帮助孩子们把手里的两根线头想象成两条玩耍的小蛇，并且描绘出一个动态的场景来：两条小蛇在一条独木桥相逢，各自要爬往不同的方向。怎么办？它们身体细细又柔软，绕8字从桥下一穿而上，分别绕过对方。绕完后回头看都成功了，再来碰碰头庆祝一下，弯腰行个礼，顶顶小屁股。真好玩！再来一次，于是两个屁股碰一碰，8字交叉又穿桥过。这下可就惨了，两条小蛇扭一起，变成小蝴蝶！孩子在这样生动活泼的游戏中，不自觉地就学会了打蝴蝶结，借助游戏掌握了新本领。

在孩子的推理能力还没有形成之前，最好借助带有具体形象思维的游戏化方式，帮助孩子用想象的、拟人的方式，理解和掌握一些生硬的动作和要求。

Tips

身为父母，了解孩子思维发展的特点和规律，在平时的生活中借助游戏来帮助他们实现思维的转换和过渡，是非常重要的事情。

父母放手，让孩子有自我创造的学习经验

对4岁孩子的学习来说，自我创造的学习经验是最好不过的。孩子在自发性的游戏活动里学到的东西，是任何优秀的教师都无法给予的。在我们当下的环境中，孩子的成长空间大为改变。因为居室空间有限，外面的开放空间相对较小，孩子随时可去的旷野、林地、山坡、溪水等地方越来越少，在外面玩耍的机会也越来越少，孩子的自我游戏和自我创造学习经验都受到很大影响。

4岁的孩子依旧是依赖他们的感官来学习的，如果切断他们与真实

世界尤其是与自然的密切联系，录夺他们在自然天地中感受和探索的机会，那么孩子的学习就失去了最珍贵的基础。正如著名的儿童教育家杜威所言，"对儿童来说，整个世界是全新的；在每次新的接触中，都有使健全的人激动的某些事情，并且使人热衷于探究这些事物，不是单纯消极地等待和接受"（《我们如何思维》，杜威著，伍中友译，新华出版社，2010年1月）。父母在该阶段对孩子最重要的帮助就是，给他们提供材料和条件，保证他们能在最自然的状态下体验自我创造的学习经验。

另外，从学习的内容和重点看，4岁孩子最重要的学习内容是与身体运动、动作技能、感官训练等相关的学习，而非识字推理等超越"具体运算阶段"的东西。父母在安排和规划4岁孩子的学习，以及在选择锻炼的工具和玩具时，要充分考虑孩子的实际情况，既要有度放手，又不能期望过高。放手让孩子有自我创造的学习经验，就是保证让他们体会到游戏带来的学习乐趣。比如从高处奔跑如风一样的速度感，以及脚下平衡能力的掌握；比如一群孩子在自发组织的追赶游戏中，体验游戏规则和权威力量；比如在餐桌游戏中，对于一人一双筷子、一个碗、两把勺子的数量及对应关系的学习，等等。

父母切不可因过于关注孩子的人身安全而剥夺他们自我游戏和自我学习的机会。例如，因为怕孩子摔倒，就不让孩子骑自行车；因为怕脏就不让孩子玩泥巴、捡树叶；因为怕打架就限制孩子和陌生的孩子玩……这些都是无形中剥夺了孩子游戏和学习的机会。同时，父母也尽量不要为 4 岁的孩子过度安排，不要让孩子去参加过多"被组织"的学习活动，如各种兴趣班和正规的学习班。因为组织化意味着一项运动或学习必须在特定的时间和地点进行，而这样，学习就变成了一种任务，不再是真正的游戏。

帮助孩子发展自控力

帮助孩子在很小的时候就掌握自控力，尤其是情绪控制能力，对于他们今后的成长发展意义重大。任何年龄的人都会因为日常冲突和未被满足的需要或欲望而情绪失控。孩子在 1 岁之后就逐渐出现了自我控制的苗头。比如，他们可以听从一些简单的要求："在这里等一下，妈妈穿上鞋就带你出去玩。"他们能克制住马上冲出门的欲望。但是，此时的控制力是在外部力量的指导下，在特定的情境中实现的，而且仅能维持很短的时间。孩子只有到了 4 岁左右，才开始发展出初步的自控力，如在著名的棉花糖实验中孩子们表现出的"延迟满足"能力。但延迟满足的能力并不能涵盖所有的自控力，在紧急情况或突发事件中，他们还是不能很好地控制自己的冲动、欲望和感受。因此，4 岁的孩子可能因为得不到想要的玩具气急败坏，也会因为加入不了其他小朋友的游戏而号啕大哭……面对这些问题和挫折时，父母给予孩子最重要的管教就是，帮助他们思考合适的行为方式，让孩子产生对自己生活的控制感。

自控力的培养不能违背孩子的发展特点

对于 4 岁的孩子，父母不能拿成人的标准去要求他们，而必须遵循他们的年龄特点，对他们的期望要现实。比如，孩子因为愿望没能得到满足失望地哭起来，有些父母会生气，在一边告诫他"不许哭"，硬让孩子把眼泪憋回去。还有的父母为了训练孩子延迟满足的能力，故意对孩子进行"诱惑训练"：把零食拿出来，如果孩子能抵住诱惑，坚持到第二天，就奖励更多的零食；如果不能克制，以后就再也不给吃零食了。这些父母认为这样能够培养孩子的自控力，但这并不符合幼儿的发展特点，许多孩子由于平时被父母过度训练自我克制，在很多方面慢慢失去了自主选择和向他人求助的动力。

所以，在培养孩子自控力的时候，首先要尊重孩子的成长规律和接受能力，不能提太高的要求，也不能因为他们控制不住自己，就向他们发火或斥责他们。正如上面例子里的泰爸，当孩子的要求未能被满足开始纠缠捣乱时，泰爸就勃然大怒，斥责孩子不懂事，其实他是在用成人的标准强迫和压制孩子。

引导孩子考虑事情的后果

　　孩子在失去自我控制能力和情绪管理能力时，往往是因为钻进了牛角尖，只想着自己当下想要的和想干的事情，不计这样做的后果，这与他们的思维及大脑发育有很大的关系。这时，借助"外脑"帮他们"思考"自己的行为和情绪就显得格外重要，父母需要把自己的"大脑"借给孩子一用。例如，父母可以用"如果我选择这个办法，接下来可能会发生……"这样的对话游戏，来引导和鼓励孩子思考事情的后果。假设这样的情景：两个小朋友在广场玩耍，其中一个孩子伸手要抢对方手里的玩具，另一个大叫着不给，两个孩子扭在一起不可开交。抢玩具孩子的妈妈虽然很尴尬，但她并没有呵斥自己的孩子，也没有强行命令孩子停止抢的行为，而是借自己的"脑"给孩子，和他进行了以下的对话。

　　"如果你抢走了乐乐的玩具，她会怎么做呢？"

　　"她会打我，抢回她的玩具。"

　　"如果乐乐来抢你手里的玩具，你又会怎么对她呢？"

　　"我不给她。"

　　"你看你们俩为一个玩具抢来抢去。能不能想出一个让你们都不用抢，而且还能一起玩玩具的好办法呢？"

在上面的对话里，妈妈并没有试图用她自认为正确的方式来要求孩子解决问题。她并没有告诉自己的孩子抢东西是不对的，而是通过提问的方式，启发孩子去思考自己的行为给别人带来的影响、自己行为的后果，以及自己还能选择什么更好的方法。有了这种考虑后果的技巧，孩子逐渐学会了从后果来考虑问题，从而控制自己的行为。

回顾上面关于泰泰的案例，泰妈问孩子"如果爸爸不能完成工作，那他明天上班，会发生什么事情呢？"启发孩子从事情后果的角度来考虑爸爸现在为什么不能陪自己玩，从而引导孩子自己得出"爸爸交不了作业，领导就会骂爸爸是个大懒虫"的结论，这种"如果……会……"的假设式问句，有助于孩子控制自己当时的情绪和行为。

教会孩子寻求多种满足愿望的办法

4 岁的孩子多数是脑子一根筋，认为天下只有一条大路通罗马，遇到问题只有一种答案和解决办法。父母要根据孩子的这个特点，引导他们多角度考虑问题，寻求多种解决问题的办法。让孩子明白，不止有一种办法可以得到想要的东西，原来除了这一种方法，还有其他更多的方法。

例如，一个 4 岁的孩子希望自己能玩另外一个小朋友的新玩具，他就上前直接抢人家手里的玩具。为了帮助这个孩子玩到自己想玩的玩具，并能在这个过程中很好地控制自己的情绪和行为，学会延迟满足自己的欲望，妈妈和他进行了"除了这样，你还能做……"的对话引导。

"想一想除了抢，还有什么办法可以帮助你能够玩到那个玩具？"

"我可以让她玩我的玩具。"

"这是一个好主意，但如果她不愿意呢，再想想还有其他的办法吗？"

"我可以告诉她妈妈。"

"嗯，有困难请别人帮忙也是一个办法，但如果她妈妈也帮不了你，怎么办呢？"

"我可以趁她不注意的时候，偷偷拿走她的玩具。"

"如果她发现了，还是不同意，怎么办？"

"那我就说：'求你了，求你了，就让我玩玩你的新玩具吧！'"

"她还是不答应，怎么办？"

"那我就和她商量，等她不玩的时候，再给我玩。"

"这个主意听起来不错，你可以过去好好和她商量商量。"

在这段对话中，孩子在妈妈的启发下，说出了五种不同的方法，虽然方法不一定都成熟有用，但至少让孩子明白"办法总比困难多"这样的道理。"凡事预则立"，只有帮助孩子充分预设到各种可能的结果，以及多种达到这种可能结果的路径，孩子才会在实践的过程中更好地控制自己。

深秋季节，田鼠们正忙着把玉米搬到石墙的家里，只有阿佛闭着眼睛懒洋洋地晒太阳，他想采集阳光，以便到了冬天获得温暖。眼看着大北风吹来了，冬天逼近了，田鼠们忙着拉稻草到家里，只有阿佛蹲在石头上做梦，他说自己正在采集秋天的颜色和词语，以打发漫长冬天的无聊……北风呼呼，大雪纷纷，冬天果真来了！起初大家都有吃有喝，在窝里过得很不错，可是等到时间久了，大家便觉得无聊起来。这时，阿佛给大家讲精彩的故事，驱走漫漫冬夜的无聊，阿佛还给大家讲他在梦里见到的趣闻，用诗一样的语言，带给大家对春天的等待……（节选自《田鼠阿佛》，[美] 李欧·李奥尼著，南海出版社，2010 年 9 月出版。）

当孩子聆听这则故事时，他们用心看到了文字和图画所传递的生动场景，并在一遍一遍反复的聆听中，想象着自己心目中的那只田鼠，体会着流淌在文字背后的深深的韵味。这些是仅靠认知文字、读懂文字所不能实现的。

念书给孩子听之所以这么重要，就在于它支持了有顺序的读写能力。儿童创造出内在的排序经验，好与他聆听的东西保持一致，这是一种游戏的形式。朗读诗词和韵文给孩子听、教他们唱歌，这些都会增加他们对口语顺序的理解。为孩子朗读还有很多其他的好处，包括让书面语言和口头文字之间发生关系；让孩子依照直觉来理解；能在"听"到的故事里发掘丰富绚烂的世界，展开想象的翅膀。这些都是对 4 岁孩子的最佳阅读启蒙。

朗读的目的是理解，而非识字

4 岁的孩子虽然已经开始对文字符号感兴趣，少数孩子甚至能够认识一些常见的字，但是从普遍的发展规律看，文字对于这个阶段的孩子而言还只是无意义的符号。因此，当他们翻开一本图画书，或听别人讲一个故事时，注意力是直接进入图画世界的。孩子通过听故事能够对语言文字产生浓厚的兴趣，因为语言能够把不在眼前的事物描述得就像正在发生一样，这是唯有语言描述才具有的能够传达印象的力量。

如果父母把阅读的重点放在了教孩子识字上面，就会大大减弱语言及图画传达印象这样的功能。例如，孩子在看《开车去郊游》这本图画书，父母为了让孩子认识"车"这个字，就使劲儿地告诉他这是"车"字——汽车的车，火车的车，消防车的车。这样，孩子的注意力就会被引导到"开车去郊游"的字面意思上，局限于对某个字的音、形、义的抽象认知上去。这时语言就不再与他们的生活经历相联系，孩子的头脑中也不会浮现出与此相关的印象，而是被动地和文字发生联系，这是真正意义上的以辞害意。

父母要最大限度地朗读给孩子听。4 岁左右的孩子已经知道了"文字"与"内容"的对应关系，能够运用与语言相对应的印象来进行思维。要实现这个对接任务，必须经由朗读故事的人传达给孩子。聪明的父母，不会让孩子拘泥于识文断字，而是把文字所表述的内容巧妙地转化为生动的图景，送到孩子的内心，点燃孩子灵魂中强大的生命力，让孩子拥抱这些图景，直到这些图景深深地印入他们的记忆，变成他们生命的一部分，这才是真正的生命滋养。

例如，在图画书《是谁嗯嗯在我的头上》中，一只"倒霉大王"鼹鼠小弟刚从地里面钻出来，"啪"的一声，一团黏糊糊的东西掉在了他的头上，他用手一摸，啊！原来是谁的臭臭。小鼹鼠气得大叫："搞什么嘛！是谁嗯嗯在我的头上？"于是一场精彩的抓坏人行动拉开帷幕。

一只鸽子飞过来，小鼹鼠问她："是不是你嗯嗯在我头上？"

"不是我！我的嗯嗯是这样的。"鸽子说完，一团又白又湿的嗯嗯，就掉在小鼹鼠脚边了！

小鼹鼠跑去问吃草的马先生："是不是你嗯嗯在我的头上？"

"不是我！我的嗯嗯是这样的。"马先生的屁股一扭，一坨又大又圆的嗯嗯，像马铃薯一样，咚咚咚……掉下来。

小鼹鼠问一只野兔："是不是你嗯嗯在我头上？"

"不是我！我的嗯嗯是这样的！"野兔立刻转身，十五个像豆子一样的嗯嗯掉下来了，哒哒哒哒……

小鼹鼠问刚睡醒的山羊："是不是你嗯嗯在我头上？"

"不是我！我的嗯嗯是这样的。"山羊的嗯嗯，像一颗颗咖啡色的球掉在草地上。

……（节选自《是谁嗯嗯在我的头上》，[德]霍尔茨瓦特 著，[德]埃布鲁赫 图，方素珍译，河北教育出版社，2008年出版。）

这些都是以孩子的语言讲述的，直接按照孩子的想法展开故事情节，相信孩子的眼前都会随着语言的描述，浮现出各种动物臭臭的模样来。4～6岁阶段，是孩子对概念的掌握在数量上快速增长的阶段。由于这样的发展特征，这个时期的孩子喜欢阅读或听大人讲图画书和故事书。在听故事时，即使事物不在眼前，他们也能在听到代表这个事物的词汇时，在脑海里展现事物的样子。

Tips

用口语的方式给孩子讲出来，能使孩子好像看到真正的东西一样，这是最适合4岁孩子口味儿的"阅读"方式。

让孩子在聆听中体验快乐

这本书好看不好看？哪里最有趣？你最喜欢哪一幅插画？故事在讲什么？小红帽在路上遇到了谁？大灰狼为什么要假装成外婆？最后是谁打败了大灰狼？故事里还出现的其他人是谁？这个故事是要告诉我们什么道理呢？

试想，如果你是一个孩子，每次听妈妈讲完一个故事，都要回答这么多的提问，内心会是什么感受？原来听妈妈讲故事最后都是要参加"考试"的，原来故事都是用来讲道理的。孩子只好一边听故事，一边集中精力，随时准备回答问题。这就好比孩子敞开思绪在驾驶一辆神奇飞车，而又时刻要提防着减速刹车。这样的阅读方式不仅不能满足孩子，而且只会使他们排斥并讨厌阅读。

对 4 岁的孩子来说，图画书不是用来学习的，而是用来感受快乐的。对他们来说，阅读的最大魅力在于获得快乐的体验。从依偎在父母身边，缓缓翻开第一页，听到"很久很久以前……"的那一刻起，孩子的思绪就已经在故事营造的氛围里穿越游荡了。直到故事书被合上，他们还久久地沉浸其中不能出来。父母要体会孩子的这一特征，在讲故事时尽量放缓语速，拉长每一个场景停留的时间，让孩子多在书中世界畅游，体验语言与想象编织的童话梦境。这是对孩子精神世界最好的滋养，是任何昂贵精美的物质礼物所给予不了的馈赠。

朗读给孩子听，是孩子精神成长的需要。那些在孩子耳边诉说的有感情的、温暖的、人性化的话语，是在心灵互通的情形下所交流的语言，是真正的人类语言。"日本图画书之父"松居直先生把这种语言称为"爱的语言"，他说："念书给孩子们听，就好像和孩子们手牵手到故事王国里去旅行，共同分享同一段充满温暖语言的快乐时光。即使经过几十年，我们仍然以自己的方式，将这些宝贵的经验和美好的回忆珍藏在内心深处。孩子们长大以后，我才真正了解到，当时我用自己的声音、自己的语言讲了这么多故事的意义在哪里。我也发现，通过念这些书，我已经在他们小时候，把一个做父亲的想对孩子们说的话说完了。"（引自 [日] 松居直著，刘涤昭 译，《幸福的种子：亲子共读图画书》，明天出版社，2007 年。）

第 3 章

针对 4 岁孩子的教养难题，父母怎么办？

孩子好胜心太强，父母怎么办？

鑫鑫是一个爱说爱笑的小姑娘，但是上了中班以后，她似乎有心事了，事情做得稍不如人，她就会乱发脾气。比如，她们班级有个规定，就是每到小朋友做值日生那天，都要负责给全班的孩子做新闻播报，以此来锻炼孩子的语言表达能力。但是，鑫鑫每次回家都会向妈妈抱怨，说同伴 XX 经常被老师表扬，每次老师都会奖励XX，而且还会给他发小贴画。她觉得自己的新闻播报不如 XX 好，老师也不经常奖励她，所以她不愿意在班级里做新闻播报，甚至在新闻播报前就会十分焦虑。一天晚上，她在家和妈妈练习新闻播报的时候，甚至发怒把稿子撕成碎片。

起初，鑫鑫妈认为孩子突然变得这样输不起，嫉妒心过强，是件极其严重的事情。所以在她撕碎播报稿件之后，想用"自然后果"的方式来惩罚她。但是，临睡前鑫鑫还在担心明天在班级播报新闻的事情，说着眼泪还忍不住流了下来。妈妈觉得孩子心里难过，于是就问她："宝贝，你现在这样伤心，是因为在担心明天早上播报新闻，但是稿子已经被你撕坏了，是吗？"鑫鑫点点头。"那妈妈陪你重新写一份，好吗？"鑫鑫答应了。

在重新制作新闻播报稿的过程中，妈妈夸赞了鑫鑫自选的播报主题，鼓励她自己组织语言进行表达。在尝试和孩子进行深入沟通的过程中，她试着启发孩子思考："宝贝，你觉得老师为什么每次都会奖励 XX 呢？"

"因为他每次都会说播报完毕，谢谢大家。"

"对，这是有礼貌的表现，我们这次也可以加在后面。还有呢？"

"XX 还会邀请其他小朋友回答他的问题。"

"这样大家都愿意仔细听他播报的内容。你愿意提问题吗？"

"嗯，我也想。"

在妈妈的启发和鼓励下，鑫鑫用心设计了自己的新闻播报稿内容，临睡前还把它压在枕头底下，带着妈妈满满的鼓励和赞美香甜入梦……

上面案例中的鑫鑫从一个爱说爱笑的孩子，突然变得对说话有畏惧感和焦虑感，根本的原因是她开始懂得与他人进行客观的比较，开始走出"膨胀的自我"，感受到自己并非万事都行，这对孩子的成长而言，是极其宝贵的转折点。作为父母，应耐心寻找孩子好胜心背后的心理特征，把孩子在这个阶段喜欢比较的嫉妒心转化为他们进步的动力，让孩子在懂得欣赏别人的同时，更全面地认识和肯定自己，学会在"纵向比较"中，实现每一天的成长和进步。

接纳孩子好胜心的表现及需求

每个争强好胜的孩子内心都住着一个无比完美的自己，希望处处都能体验到"我能行"的力量感，这是孩子在自我发展过程中必经的阶段。但是在现实中，他们突然发现，那个处于宇宙中央的"我"，那个曾呼风唤雨的"我"，并非事事如意，尤其是在幼儿园的集体生活中，无数个"小宇宙"每天碰撞在一起时，他们开始感到自己的无助和渺小。他们会在最亲近的人面前宣泄内心的挫败和无力感，希望父母能够告诉自己，为什么在自己的星球之外还有更多的星球，而且很有可能比自己的星球更大，更有力量，自己与它们的关系是什么？

遗憾的是，在面对孩子因好胜心受挫而气急败坏的情况时，许多父母看不到孩子内心的需求，甚至粗暴地给孩子戴上一顶"输不起"的帽子，认为孩子霸道、自私等。有的父母甚至会粗暴地制止孩子的行为，用成人的处事原则与方式去开导孩子。

引导孩子学会欣赏别人

欣赏别人，这对孩子来说也许有点难，但确实是一种终身受益的能力。4 岁的孩子正处于从以"自我为中心"的小宇宙向大宇宙过渡的过程，随着社交范围的日益扩大，父母有责任引导他们认识和欣赏不同的人，发现别人身上与自己不同的地方。例如，在上面案例中，妈妈引导鑫鑫思考"宝贝，你觉得老师为什么每次都会奖励 XX 呢？"帮孩子打开用积极的方式去看待别人的一扇窗户，在对问题的思考和回答中，孩子能较客观地分析和肯定同伴身上的优点。比如案例中鑫鑫说 XX 新闻播报得好，是因为他有礼貌，因为他有和其他小伙伴互动的技巧。在得出这个结论后，鑫鑫就可以借鉴到自己的播报中来。这样，孩子原本爱比较的嫉妒心就会转化为一种学习和进取的动力，这对他们今后的人生大有裨益。

鼓励孩子学会做"纵向比较"

所谓"纵向比较"，就是指和自己比较。父母首先要示范纵向比较的方法，要注意观察并告知孩子成长中的进步和变化，使孩子从小树立一种自我成长的成就感。另外，要避免"横向比较"，不要轻易把自己的孩子与别人比较。很多孩子之所以好胜心强，多源自于他们对输的恐惧，以及对父母评价的恐惧。如果父母在平时多用欣赏的眼光看孩子，赏识他们的优点，他们就会获得进步；即便孩子有了缺点，也不要采取和别人对比的方式来促进他们改正；相反，父母应抱着公正的态度，客观地告诉孩子，这反而会让他们获得进步。

帮助孩子战胜恐惧

　　泰泰 4 岁左右，对黑暗的恐惧在几天之内似乎蔓延到了所有地方。妈妈带他回家上楼时，只要楼道的感应灯突然熄灭，他就会吓得哇哇大叫，即使妈妈抱着他也难以安静下来；在家里他宁可憋着尿，也一定要等到有人陪他才敢去厕所，因为他害怕厕所里有"怪兽"；晚上睡觉时，他必须要等妈妈讲完很多故事之后才安心睡觉，只要发现妈妈离开，留他独自在卧室睡觉，就会哭得昏天黑地。用他自己的话讲："因为在黑暗里，就像到了深山老林，里面藏着很多大怪兽。"最近一段时间，他的恐惧又延伸到了梦里，好几次他都大哭着从梦里惊醒，说有怪兽追着他跑……为此，泰泰妈专门上育儿网站搜寻关于孩子怕黑和恐惧之类的知识，才明白很多孩子到了 4 岁左右，都会对不同的东西产生不同程度的恐惧心理。如何帮助孩子战胜恐惧，的确需要父母对孩子产生恐惧的原因、该阶段孩子的身心发展特征认真了解，才能更好地帮助他们渡过这一难关。

恐惧是孩子心理发展的正常现象

3～6岁的孩子正处于自己的"魔幻岁月"，他们脑海中的世界远比现实要丰富和魔幻得多。例如，他们相信世界上存在许多虚幻的东西，相信万物的运转都是受某种神秘力量所趋，相信任何从童话故事或其他途径听到的事情。在这种魔幻思维的驱使下，几乎每个幼儿都会有自己的恐惧源，他们给各自所恐惧的东西赋予一个共同的名称——"大怪兽"。有些孩子在黑暗里能够看见"大怪兽"；有些孩子在突然的惊吓中看见"大怪兽"；还有些只要一闭上眼睛就能看见"大怪兽"。这在4岁孩子的发展过程中几乎是普遍存在的现象。

恐惧是4岁孩子心理发展的一部分，面对恐惧中的孩子，父母应无条件地坦然接受，而不是嘲笑和否认孩子的这种情感，更不要随意给孩子扣上"胆小鬼"的帽子，要允许孩子恐惧。如果孩子说"有大怪物，我害怕"，父母要尽量用理解的口气试探他们："宝贝一定是被吓坏了，快让爸爸（妈妈）来抱抱你，咱们一起想办法打'怪兽'。"

当孩子突然被吓得惊慌失措、大喊大叫时，父母最好不要用过于成熟和理智的方式回应孩子的这种恐惧心理。例如，开导他们说，"世界上没有大怪兽，那都是人们编出来吓唬小孩子的。""都是大孩子了，还这么胆小。""男子汉应该勇敢些。"对于恐惧中的孩子来说，这些说教都是不起作用的，没有任何意义。因为这个年龄段的孩子正处于由幻想向现实过渡的年龄，如同伟大的演员临上场之前的紧张心理一样，恐惧是孩子战胜自己，走向成熟的必经道路。如果孩子说自己真的很害怕时，他们其实最需要的是父母的理解和默默的安慰，需要父母的爱和鼓励，帮他们战胜恐惧。

把孩子的恐惧对象形象化

父母要学会和孩子谈论他们的恐惧，而且要想办法把恐惧变成他们熟悉和认识的东西。例如，有位爸爸，针对4岁的女儿每天被"怪兽"困扰的问题，与孩子展开了以下对话。

"怪兽有皮肤吗？"

"有，疙疙瘩瘩，像霸王龙那样。"

"那它的声音也像霸王龙那样，啊——呜？"

"不对，它的声音比霸王龙还要大，像地震那么大。"

"好可怕！那它的嘴巴一定很大，才能发出那么大的声音？"

"它没有嘴巴，它的声音是从肚脐眼发出来的。"

"太搞笑了，它没有嘴巴，怎么吃东西呢？"

"它用身上的刺吃东西。"

"它的身上还有刺？"

"它全身都有刺，就在疙疙瘩瘩上面。"

"我知道了，它原来是个大刺猬怪啊！"

接着他们又探讨了这只怪兽的其他特征，不知不觉中，"大怪兽"在孩子口中变成了"刺猬大怪"，并且在爸爸的引导下小女孩还说出了它的其他特征，说到可笑的地方还会用笑声战胜对怪兽的恐惧。在整个过程中，家长只是引导孩子通过具体的问题把想象中的怪兽具体化，让怪兽变成一个孩子熟悉的有模有样的东西，甚至到最后变成一个可以驯服的东西（如有的孩子会幻想床下或衣柜里有只大老虎，而那只大老虎其实是只乖乖听话的幻想伙伴）。再进一步，当孩子说出怪兽的具体形象后，我们可以鼓励孩子用笔把怪兽画出来，而且还可以给那个大怪兽起个搞笑的名字，这样一旦他们提起怪兽的时候，首先就能哈哈大笑起来。

避免人为地诱发孩子对某事 / 人 / 物的恐惧

在孩子正常的发展过程中，恐惧经常是被视为孩子假想中的敌人来出现的，尽管小男孩和小女孩不太可能真的在黑暗中，或在某个角落、某个柜子里看到真正的怪兽。但如果孩子从自己最信任的那个人的神情或语气里，感受到了恐惧的存在，就会强化孩子假想中的危险与恐惧。因此，我们在对待孩子时，原则上要尽量避免强化孩子想象中的恐惧，避免人为地诱发孩子对某事／人／物的恐惧。

用故事法缓解孩子的恐惧心理

对于 4 岁的孩子，父母可通过语言沟通的方式来了解孩子的恐惧源，引导孩子进行情绪调节，并与孩子一起找出解决问题的方式。例如，建议孩子通过想象快乐的时光或唱愉快的歌曲等方式来转移对恐惧的注意。也可以通过树立偶像、举行一些仪式（如分床仪式）以及父母自身的经历等来引导孩子。当然，最重要的是，父母要让孩子知道，自己永远在他的身边，是他最有力和最安全的支持者。

当孩子遭遇同伴拒绝和冷落时

幼儿园区角活动的时候，一群中班的小朋友在生活区自由组合玩耍。三个小女孩在滑梯下面正在组织一个游戏小组，准备玩"在医院生宝宝"的游戏情景：一个扮演大夫，一个扮演护士，另一个扮演准妈妈。第四个小女孩想加入，却遭到了三个女孩的排斥甚至言语攻击，因为她扰乱了她们的工作。开始时，第四个小女孩很气馁，她默默站在"医院"外面观察。后来，医院里突然发生了紧急事故，需要有人拿"输液瓶"过来。她立刻拿起身边的一个道具假扮紧急救助护士，按照其他三个女孩的要求服务她们，帮助她们给病人输液，并干其他的杂事。最终她被其他三个小女孩接纳，甚至创造性地把游戏向前推进，成为一个快乐的游戏者。

如果站在儿童的视角看待上面这个案例，我们可以发现，一般来说，小男孩通常会发生激烈的肢体上的冲突和战争，小女孩则更多的是言语上的攻击和排斥。这是他们对各自游戏的一种保护，是自主性的体现，是很正常的一种现象。但是身为父母，面对自己的孩子被排斥和冷落，甚至长期被孤立，陷入孤独的境遇，将会难以接受和十分焦虑。

用心观察和了解孩子被排斥的原因

排斥和被排斥可能会发生在任何一个 4 岁孩子的身上，这是孩子在社会性维度上表现出的阶段性特征。父母首先不能把孩子受到排斥定性为孩子的缺点或问题，或是指责其他孩子对自己孩子的排斥，而是应该用心观察和了解孩子被排斥的原因，分析他们需要在哪些方面得到帮助和提高，成为在同伴交往和集体游戏中受欢迎的人。一般而言，如果一个孩子总是受到同伴的排斥，主要是因为他们具有某些明显与同伴不同的行为特征。父母通过平时的观察，可以发现孩子在交往中的具体行为表现，并给予相应的帮助。

表 2：　受欢迎儿童、被拒斥儿童和被忽视儿童的行为特征

受欢迎儿童	被拒斥儿童	被忽视儿童
积极、快乐的性情	● 许多破坏行为	● 害羞
外表吸引人	○ 外表邋遢、不卫生、不整洁	○ 攻击少、对他人的攻击表现退缩
有许多双向交往	● 极度活跃、好争论和反社会的	● 反社会行为少
高水平的合作游戏	○ 说话过多	○ 不敢自我表现
愿意分享	● 反复试图与社会接近	● 更多地单独活动
能坚持交往	○ 合作游戏少，不愿分享	○ 逃避双向交往，花较多时间和群体在一起
被视为好领导	● 许多单独活动	

（续）

受欢迎儿童	被拒斥儿童	被忽视儿童
缺乏攻击性	○ 不恰当的行为	

注：引自《儿童社会性发展》，张文新著，北京师范大学出版社，1999 年版，p 153。

父母在了解孩子的行为特征后，要尽量将他们表现出来的问题转化为需要掌握的技能。例如，当某个孩子是因为不恰当的行为，如总是扰乱别人、抢别人的东西，从而受到同伴的排斥，父母就要帮助孩子尊重他人及其物权。了解孩子不受欢迎的行为表现，才能针对具体问题来具体帮助他们。

引导孩子掌握消除排斥的技巧

在幼儿园中班开设的种植区里，几个小伙伴正在玩弄花盆里的土，讨论要种一些花种，他们组成了临时的小组，并选出了组长。圆圆也想加入，但是组长不答应。这时，圆圆并没有做出冲动的行为，她想起了自己上周带来的分享玩具，很受其他小朋友的喜爱，于是对他们说："下次我带来分享玩具，我先让你们玩。"队长还是不答应："我说过了，不行！"圆圆被冷落在一边，一边看他们摆弄花盆里的土一边问："你们打算种什么花呀？""向日葵！"几个小组成员继续假装种花。几分钟过去了，圆圆跑出去拿回来一袋真正的花籽，对他们建议说："再种一些别的花吧，这样就能开出真正的花儿。"其他几个孩子看见她拿着真正的花籽，都感兴趣地跑过来，和圆圆一起把花籽种在花盆里。

　　与许多受排斥孩子反应不同的是，圆圆表现出许多独立解决受排斥问题的技巧。例如，能够运用询问、请求的语言与同伴建立联系，并能在关键时刻主动发出分享和合作的邀请。这些都是需要父母在日常生活中引导孩子的，父母要对经常"被拒绝"的孩子进行社交语言能力的培养。比如，初次想加入某个团体时要先征得他人的同意，如用类似的话"这个游戏真好玩，能让我一起加入吗？""你做的城堡真好看，咱们一起来搭个更大的好吗？"表达请求。

　　当孩子的请求遭到他人拒绝时，父母要引导孩子学会解决问题，通过其他途径来获得他们想得到的东西或想做的事情。例如，上面案例中的圆圆，在遭到同伴排斥和拒绝时，她找来一袋真正的花籽，并主动提出要和大家合作的建议，最终成功地成为他们中的一员。

努力当好孩子社交的经纪人

如果你的 4 岁孩子总是受到同伴的排挤和冷落，你通常会以何种方式对孩子的困境做出反应？有时候，你可能会像一只保护欲极强的母鸡，带着自己的"鸡宝宝"去找排斥他的人沟通，要求他们接纳你的孩子；有时候，你可能会选择忽视这些问题；有时候，你可能会给孩子解释原因，并用过来人的经验提供给他一些好的意见和建议。但是，大多数时候，这些方法在孩子再次遭遇被排斥的事件时难以发挥作用。真正有效的方式是，父母应该努力做好孩子社会交往的经纪人，有计划地多为他们创设一些与同伴交往的机会。在孩子出现社交危机时，能够利用这个契机，现场引导他们反思自己的行为，调整互动的方式，思考以不同的途径与别人交往。

第4章

4岁孩子的教养新主张

如何正确看待4岁的孩子上兴趣班这件事情？要不要让4岁的孩子提前识字？面对社会上及父母群体中不同的观点和争论，作为孩子的监护人，你的主张是什么？

如何正确看待4岁孩子上兴趣班这件事

乐乐升入中班后，发现放学和他一起玩耍的小伙伴越来越少了。大家参加了各种兴趣班，有的学钢琴，有的练游泳，有的学围棋，有的学跳舞，有的学国画……几乎每个中班的孩子都会参加一个或多个兴趣班，有的甚至一周7天每天都需要上一个不同的兴趣班。乐乐今年只报了轮滑课，他最好的朋友瓜瓜报了五个班，除了幼儿园自己开设的兴趣班，还要在其他不同时间由父母带他往返于各种培训机构。自从上中班后，乐乐和瓜瓜就不再像以前那样能经常在一起玩耍了。他们班的其他小朋友也明显比以前忙碌起来，父母们在一起聊的话题也较多地转移到孩子的兴趣班上来，比如经常谈论报的是什么兴趣班？报了几个？孩子学得如何？

其实，对于上兴趣班这件事情，并非所有的父母都持积极的态度，不同的父母之间对此存在不同的意见与看法，分为赞同派和反对派。调查发现，对上兴趣班持反对意见的父母居多，但是这一部分人中有些迫于环境等各种压力，无奈地给孩子报了兴趣班。下面我们来看看反对派的部分代表性观点。有些人认为，4岁的孩子天真烂漫，正是对外界充满好奇和喜欢探索的阶段，因此他们的兴趣往往很广泛，但也容易游离，从一个事物转移到另一个事物上，从这件事情转移到另一件事情上。因此，4岁这个阶段，父母不必着急让孩子的兴趣范围缩小，集中于少数几个方面，这样反而会扼杀孩子在其他方面的积极兴趣。还有一些人认为，4岁的孩子，其心智和感受力正处于发展关键期，也正是他们接受新鲜事物的最佳时期，此时学习一些符合其兴趣的内容将会使孩子终身受益，要多多地让他们尝试接触不同的事物，从而逐渐发现和确定孩子到底喜欢什么，不喜欢什么。因此，这个阶段父母应多带孩子参加更多的活动，扩大他们的社交范围，见识不同的事物，尝试对不同事物的兴趣，最终确定孩子喜欢什么。

兴趣并不是在兴趣班中培养出来的

美国教育家杜威说过，兴趣是孩子发展过程中能力的信号和象征，是儿童已发展到什么状态的标志。兴趣是促动一个人去干某一件事情的强烈的情感及愿望，是一种由内而外爆发的生命冲动。英国著名教育学家斯宾塞在《斯宾塞的快乐教育》一书中反复强调，"快乐"是教育最初的秘密，孩子对某种事物产生兴趣，使他能够全身心投入，并在其中体会到美好的情感体验，而这一点常常被父母忽视，成为孩子们不快乐的源头。即使是一个天才，也有可能被不快乐所扼杀。对于父母来说，最重要的是细心观察孩子的兴趣，而非仅凭自己的意愿和判断去给孩子选择不同的兴趣班。

在现实生活中，很多父母一说起孩子的兴趣，马上想到的就是特长，就是给孩子选择兴趣班或者报特长班，这种现象背后透露出父母对于孩子兴趣的几点认识偏差。首先，父母认为孩子的兴趣需要靠"外力"引出。但是恰恰相反，自发的冲动性才是兴趣的根基。孩子对某件事情之所以会感兴趣，并非外力和环境对个体刺激的结果，而是由于孩子自我本身不断发出的冲动和惯性。凡是由孩子内部力量驱动的行为，才是真正的兴趣。

另外，父母热衷于通过兴趣班培养孩子的兴趣，这是因为他们认为，孩子的兴趣是可以教的，而且是唯有专业人员（机构）才可以实现的。但事实是，孩子的兴趣是最难教的。正如杜威所言，"兴趣是儿童发展中能力的信号和象征，是儿童已经发展到什么状态的标志"。这就意味着，孩子的兴趣是一种不断发展变化的状态，它既可以是孩子表现出的直接兴趣，也可以是一种由表及里、循序渐进的兴趣。孩子的兴趣如同播种在浩瀚沙漠中的一粒种子，随风不断地移动，你不知道它会在哪个地方生根发芽，更不能提前得知它将在哪个时刻愿意绽放生命。兴趣作为一种珍贵的教育资源，需要的是"保护"和"等待"，而非急于去"开发"和"教授"。如果兴趣班的举办者和授课教师能够以这样的教育理念去对待孩子的兴趣开发，那将是孩子最大的福祉。但是在现实生活中，社会上多数的兴趣班，多以专业培训和商业盈利为目的，与真正保护和开发孩子的兴趣之间尚存在一定的距离。

给孩子选择兴趣班动机要单纯

父母不管是抱何种动机给孩子选择兴趣班或兴趣方向，首要一点，都必须从孩子自己的兴趣出发，决不能凭借父母的主观意愿决定，甚至强制孩子去爱好什么。有些父母为了促进孩子某一方面的发展，比如为了让孩子气质更佳、形体更优美，便让孩子去学习舞蹈；或为了让孩子身体更强壮、动作更协调，就让孩子去练体操。父母认为只要孩子高高兴兴地接受了，就是表示他们有兴趣，就是在培养孩子的兴趣。然而，有些孩子去参加兴趣班并不是因为对学习感兴趣，至少不是真正感兴趣，只不过是为了父母高兴或父母承诺了给他们某些"好处"，再或者是因为兴趣班上其他好玩的事情，他们才乐意去上兴趣班的。

有些父母是出于怕自己的孩子输在起跑线上这类心理，看到其他孩子都上兴趣班了，自己的孩子不报就会在某些方面落后于别人，在日后的学习及各项竞争中失去优势。也有些父母是因为自己小时候没能发展某种兴趣和能力，想在孩子身上得到补偿。

温馨贴士

如何为孩子选择兴趣班

无论如何，父母决定给孩子报还是不报兴趣班，报什么样的兴趣班时，首先要摒弃自己太多的主观意愿，尽可能从孩子的兴趣和实际情况出发，帮助孩子在某个阶段找到那个能与他融为一体的东西，为培养其真正的兴趣打好基础。

另外，父母在给孩子选择兴趣班时，一定要对所选兴趣班的举办者和教育理念有所了解。好的机构或教师可能是培养孩子一生兴趣的积极因素，但选择不当也可能会成为扼杀孩子兴趣的破坏力，因此父母需要在选择兴趣班时格外谨慎。对于已经下定决心要给孩子报兴趣班的父母，要尽量选择与自己的教育理念一致的教育机构，避免盲目跟风或只凭他人经验随便给孩子选择兴趣班。

重视兴趣班之外的教育资源和支持性条件

兴趣对于孩子而言，是在自然而然的生活环境中产生和保存的。就像《居里夫人传》里描述的那样，年幼的小玛丽（居里夫人）用稚嫩的眼睛，看着父亲每天沉浸在实验室里摆弄各种试管和仪器的姿态，她也自然而然地喜欢上了那些物理实验的仪器以及由那些仪器碰撞发出的声响，甚至是各种试验材料发出的特殊的气味；就像流浪儿小香奈儿在自由市场里，看着做小摊贩的单身妈妈，每天摆弄着摊位上各种衣服的装饰和扣子的模样，那些饰品、衣料和扣子就成了她生命中最爱的东西；就像《乔布斯传》里所说的小乔布斯终日和养父厮混在车库里，看着各种汽车的零件、电路线板在养父手里如乐高组件一样，被自由地拼来拼去。他们刚开始只是看着，而后来，那些被看到的生活就变成了他们自己的。

在4岁孩子的世界里，他们对事物兴趣的产生和保持并非来自于端坐静听，被动接受。兴趣需要孩子多种感官的探索与尝试，更需要与孩子自己的生命紧密相连。心理学家维果斯基认为，儿童在生命的早期具有其自身的发展大纲，有其内在的成长驱动力，这就要求教育的内容和方式需要以儿童现有的生命能量为基础。只有当孩子要做的事情和所从事的活动具有吸引他们去做的性质或具有期待他们的能力支持的性质时，只有当困难能发挥激励作用而非打击作用的时候，这种选择才

Tips

父母在考虑开发孩子的兴趣时，更应该重视那些兴趣班之外的教育资源和支持性条件，尤其是与孩子的生活密切相关的资源和条件。

是孩子力所能及的。父母和其他教育者要做的就是，为孩子创设一个能够自然生活其中，乐意在自然生活中发展兴趣的环境，并指导孩子去选择要做的事情和从事的活动。

至于什么才是最好的教育资源和支持性条件，每个家庭和父母因为各自背景及所处环境的不同，并无统一标准，更无优劣好坏之分。父母需要努力去做的，就是像杜威反复强调的那样，要"通过对儿童不断地进行共情观察，才能知道他们要做什么，用什么教材才能使他们工作得最起劲、最有成效"。正如一位作者撰文所表达的那样：

一位朋友问我：

"我女儿5岁了，是学钢琴还是小提琴好呢？"

"晚上11点才下班的你，多拥抱女儿，比较重要。

因为所有艺术讲的都是人的故事。

一个孩子如果不记得父亲的体温，她将来欣赏画、听音乐都没有感动。

如果没有人的记忆，艺术对她而言只是卖弄而已。"

我们之所以是美盲，是因为我们常常忽略了人与人的感觉。

要不要让 4 岁的孩子提前识字?

　　周末，泰妈带泰泰去同学丁丁家做客，被深深地震撼了。丁丁的家就像是一座微型儿童图书馆，四周的墙壁书架、沙发边、床头，几乎到处都是书；没有书的地方几乎都贴满了写着字的卡片，例如门上贴一个卡片，上面写个大大的"门"字，桌子角上贴着"桌子"，水龙头上贴着"水"……而且小客厅的一角还专门布置了一个用来写字的小黑板，地板上散落着各种认字卡片。

　　丁丁与泰泰年龄相当，都是 4 岁半，丁妈说因为孩子对识字特别感兴趣，总是要父母给他读他看到的各种各样的字。刚开始，他们觉得孩子可能只是好奇，但后来又发现孩子能认识很多字，甚至能把一些图画书的故事一字不落地全读出来。他们觉得既然孩子对文字这么感兴趣，那就有必要帮助他认识更多的字，于是就专门给他买识字卡，在各种地方贴上汉字卡片，强化他的识字能力。据丁妈说，丁丁现在已经能认识约 800 个汉字了。这让泰妈很震惊，作为同年龄的孩子，泰泰现在还只是偶尔认识几个熟悉的字，但是她又觉得让孩子这么小就开始识字，是不是太早了。

　　现实生活中的确有很多像丁丁这样喜欢识字并且能认很多字的孩

子。多数孩子在 4 岁甚至更小的时候，就对文字符号产生越来越浓的兴趣。父母觉得要抓住他们的兴趣点，于是开始让他们识字、写字；还有些父母开始有意识地为孩子升入小学做准备，觉得孩子尽早多识点字，小学入学后才会适应得快。所以，有人认为提早教孩子识字很有必要，幼年期认字有助于智力开发。但也有反对者认为，不能在这个阶段提前教孩子认字，这样做违背了孩子的发展规律，拔苗助长式的教育方法是有害的。我们比较赞同后一种观点，任何东西的学习都要遵循孩子的生理和心理发展特点，不能急功近利。

孩子对文字有兴趣不代表可以早识字

很多孩子喜欢让父母逐字地帮他们读绘本，喜欢用小手指着字自己讲故事，这些都说明孩子开始对文字符号感兴趣，这就是我们常说的 5 岁前的文字敏感期。但文字敏感期与早识字是两回事。通常这个阶段的孩子只是对文字符号感兴趣，并不是对真正的汉字意思和内容感兴趣，其兴趣点大都停留在汉字的形状或是发音上。

从 3 岁起，孩子的形状感知能力开始迅速发展，并且随着年龄的增长，它们对图形的认知能力也逐步提升，到了 4 岁，孩子对图形符号的感知力最为敏感。汉字作为世界上最古老的文字之一，具有独特的画面感和视觉感，与幼儿的涂鸦本能及图形感知力有默契的融合度。而且，汉字是世界上独有的具有抑扬顿挫四个声调的语言，读起来具有一定的乐感和变化性。例如，《巴巴爸爸》故事书里的"巴巴"和"爸爸"，"巴"和"爸"在读音和字形上相似，可是这两个字的意思是完全不一样的。4 岁的孩子每次读到它们的时候，都会感到很新鲜，这是文字符号深深吸引他们的地方。

因此，4 岁的孩子虽然认识很多字，但并不代表他们真正地记住和掌握了这些字。有一个 4 岁的小女孩，因为每天晚上睡前妈妈都会给她讲《嫦娥奔月》的故事，结果没用多久，她就能自己拿着书一字不落地念出这个故事，就连哪里有感叹号，哪里需要翻页续接，都记得清清楚楚。后来她升入小学一年级，班里恰好举办故事会，妈妈就把她小时候读过的这本故事书带到班里，想让她像小时候那样讲一次。可是令人奇怪的是，此时已经长大识字的女儿，再读这本书时，磕磕巴巴读得十分吃力，反倒不如 4 岁那时了。因为，4 岁时的她会"识字"，只是从字的形状、排列顺序和发音上记住了某个字，是一种模仿性的记忆。因为妈妈给她读了很多次，她无意之间就全记住了。可是等到 7 岁的时候，她对这本书已经陌生了，加之并没有真正认识多少字，读起来自然没有小时候那样流畅了。

可见，孩子在 4 岁时爆发出来的强烈的对文字的喜欢和着迷，和真正的认字识字之间还存在一定的差距。父母不能因为看到孩子喜欢汉字或自主地认识几个汉字，就自作主张要教孩子提前识字。

4 岁的孩子识字具有特殊规律

美国著名的教育实践家霍特在其著的《孩子是如何学习的》一书中，专门观察记录了学龄前儿童认识文字（英文）的过程。他反复强调的一个观点是，孩子对于文字的观察和学习要与孩子的日常生活紧密相连，使之自然而然地在日常生活中发生。这并不需要成人专门的教授和刺激，而且也不需要刻意的目的与要求。

例如，孩子早上喝牛奶，就看见牛奶盒上写着"牛奶"这两个字，第二天喝牛奶时，还能看见牛奶盒上的"牛奶"两字。时间久了，他逐渐就会明白牛奶盒子上的字读作"牛奶"，指的是他每天喝的乳白色的香甜液体。于是他知道了那两个"字"和"物体"之间的关系。

理想的情况下，4 岁的孩子是应该按照上面的过程去识字的。但是，有了外界太多的符号刺激，特别是有了父母刻意的训练后，孩子对文字符号正常的识别能力就会受到干扰。

例如，有人给孩子讲《三个和尚》的故事，想要让孩子认识"山"这个字，于是就在墙上贴一个大大的"山"字，让他每天看，每看一次就大声念一遍。于是，没用几天，孩子就记住了"山"这个字。可是，孩子记住了这个字，除了在他的脑细胞里增加了一个文字符号外，其他的意义体现在何处呢？他们知道"山"的真正含义吗？除了符号，他们对"山"的认知一片空白。但是，如果换种方式，让孩子远远地望山，带孩子去爬山，去触摸山的硬度，感知不同的山的形状和颜色，甚至去闻山的味道，听山里的各种声音，让他们在自己的大脑和认知世界里，有一座或者多座属于自己的山的感知概念，然后将所有的感知综合起来，会形成一个字，那就是"山"。这样，在他们积累了一定的感知记忆后，再给他们讲《三个和尚》的故事："从前有座山，山上有座庙……"再给他们看墙上贴着的大大的"山"字，他们全身的器官都会帮助他们建立"山"的符号与真正的"山"之间的联系，使他们更好地认知"山"这个字。

杜威一直强调，孩子的教育要发生在真实的生活中，"生活即教育，教育即生活"。也就是说，不管学习什么，孩子如果没有从内心主动地融入生活情景和经验场景，他们内在的主动和天生的好奇心就不能被唤醒，就无法理解外界呈现给他们的任何符号，这时他们的学习是被动的，后果显而易见。对于 4 岁的孩子识字这件事情，道理亦是如此。

第三部分
创建和谐的"4岁"家庭

虽然4岁的孩子已经开始接触家庭之外的社会，但是关注4岁孩子的成长依旧不能仅仅将孩子的个体或群体发展规律作为焦点，而是要将焦点集中于家庭中的孩子身上。这是因为孩子首先是在家庭环境中成长起来的人，然后才是在幼儿园、社会环境中成长的人，最后才是未来发展关系中的人。

　　家庭为4岁孩子的发展提供了必要的支持、理解和信任，是他们迈出家门展示自信、能力和热情的基础。父母要以家庭为中心促进4岁孩子的成长，让他们在家里感受到温暖有爱的氛围，为他们提供自由开放、充满鼓励的支持环境，丰富他们的家庭生活内容，让他们在家庭生活中习得最基本的规矩和价值观，成为有家教的孩子。

第1章

家庭对4岁孩子意味着什么?

虽然4岁的孩子在外形上依旧是个孩子,但他们在精神世界里已经是一个独具特色的"人",开始在家庭生活中逐步塑造自己的形状和个性。同在一个屋檐下生活,他的世界慢慢开始扩张,梦想之境已飞往高处,父母的境界也要紧跟其后,不能落在他们的世界之外……

彼得·潘梦想的永无岛

在家里尽情释放想象和恐惧

有4岁孩子的家庭总是充满生机,但又一片狼藉。因为这个阶段的孩子,自主活动的能力已经发生了翻天覆地的变化,小脑袋里的想法也更加复杂多变,而且最重要的是,到了4岁,他们"可怕"的想象力得到迅猛发展,家里到处都是他们"施展魔法"甚至做"白日梦"的舞台。例如,他正在玩搭建城堡或战场的游戏,一个人自言自语,自导自演,忙得不亦乐乎,他到底在做什么呢？如果这个时候你好奇地上前去询问或打乱他，那可就太不解风情了。他此时正在做的，就如同我们成人在做美梦或享受白日梦一样，在象征性地感受过去或当下的希望和恐惧，也在预测未来可能发生的魔咒和预言。他所处的家，也就是这座大房子，可能已经被他想象成了一座梦幻岛，就如同小飞侠彼得·潘在梦中飞往的那座"永无岛"一样：茶几可能会变成海盗船，沙发下住着树洞里的小精灵，还有魅力十足的美人鱼……风吹动的窗帘是海盗发出的信号，晚上窗外会时刻出现小飞侠的黑影子……幻想自己是能在天空中自由飞翔的侠士，是勇敢和海盗作战的英雄，随时随地准备着成为彼得·潘，或者成为童话中具有魔法的仙女公主。这些都是 4 岁孩子日常活动的常态。

像所有开始尝试要飞出妈妈巢穴的雏鸟一样，4 岁的孩子依旧迷恋自己温暖的家，但疯狂的想象力以及对于外面世界的热烈向往，已经改变了他们对家依恋的态度。他们利用幻想来弥补对外部世界的好奇与想象，在幻想中搭建自己的世界，并在这个过程中获取控制感。最重要的是，他们要通过自己的幻想来改造身处的家，将它变成自己想象中的那个世界：一切都要听从他的命令，任他摆布。这就是他们梦中的"永无岛"，爸爸妈妈甚至都会变成他们幻想世界里的怪兽或者女巫。如果你此刻正是 4 岁孩子的父母，能够解得风情，理解孩子的这一切，这对于孩子的发展十分关键。不干扰、不破坏，那孩子就是整个梦幻之家的君王和主宰，是指挥千军万马的统帅。孩子可贵的想象力和自主感，将会在家里得到充分的支持和发挥，这是一个 4 岁孩子做梦都想要的家。

小脑袋里已经有了家的概念

幼儿园的经历是 4 岁孩子生命中的重大事件，他们开始正式走出家门，接触比之前生活的"星球"更大、更精彩的世界。同时，通过上幼儿园，他们才意识到，自己之前主宰的"B16 小行星"并不是"宇宙"的所有，只是茫茫"宇宙"中的一颗小行星。那么多的小伙伴都来自不同的"星球"，不同的小朋友都有不同的爸爸妈妈，每天早上从不同的"星球"出发来幼儿园，下午放学又被爸爸妈妈接回自己的"星球"。在幼儿园里，大家都会互相介绍自己的"星球"，或者带来"星球上"好玩的玩具，下午放学分别时，他们会主动邀请好朋友到自己的"星球"去玩。这些都说明，在经历了外面世界的精彩之后，家的概念在他们的小脑袋里逐渐清晰起来。

4 岁的孩子通常用感性的体验来认识自己的家。他们首先认识的是，家里每天与他们生活在一起的那几个人，关注他们之间以及他们与自己的关系。一个 4 岁的女孩用绘画的方式生动表现了"家"在她心目中的样子：一个大方格代表自己的家，里面站着几个人，中间穿裙子的是她自己，爸爸妈妈分别站一边。自己和妈妈画得最大，爸爸只是旁边一个比例失调的小人，旁边还有一个更小的人，她解释说是自己的外婆。

这是一幅极真实又极生动的家庭画像，反映出家在小女孩心中的印象。4 岁的孩子通常都是天生的印象派画家，会无意识地把他们认为重要的或印象深刻的东西夸张。把自己和妈妈画得大，是因为在她心里，她认为自己和妈妈在家里是重要的人物；相比之下，爸爸没有妈妈重要；外婆呢，就更是个配角人物了。透过孩子的这张画就可以看出，家庭的基本排序和格局在她心中的概念，这是孩子眼中家的形象。

每个 4 岁的孩子心中都会有不同的"家庭肖像画"，能够较为客观地反映家在他们心中的样子。对这个阶段的孩子而言，家庭是他们走进幼儿园之前生活的重心和全部，是他们价值观形成的重要场域。家庭是他们每天生活的环境，通过所听到的语言、观察到的行动以及对他人重要情绪的体验，他们自然地收获了家的观念，并将此内化为自己的信念。我国著名的教育家陈鹤琴说过："小孩子生来是无知无识的，不知什么是好，什么是坏。他的一举一动可以说一方面受遗传的影响，一方面受环境的约束，受教育的支配。小的时候，环境中最重要的因素是父母，教养中最重要的因素，恐怕也是父母。"（引自陈鹤琴著的《家庭教育》，中国青年出版社，2012 年版。）他反复强调，小孩子的"知识之丰富与否，思想之发展与否，良好习惯之养成与否，家庭教育实应负完全的责任"。

"在家里"帮孩子发展"在家外"的能力

家庭是孩子最初的生活中心，但不是永远的中心。随着孩子年龄的增长、活动范围的逐步扩大，家庭对于孩子的养育功能也会随之发生变化，从最初单纯的保障安全、满足喂养需求等功能，逐步延伸到帮助孩子完成社会化的功能。社会化，通俗点讲，就是孩子在成长中懂得和获得在社会中有哪些观念、做法、规矩以及行为是大家认可和允许的，哪些是不认可和不允许的，从而逐渐形成自己的观念判断和行为准则。

在对4岁的孩子进行社会化方面，家庭对孩子的心理品质和行为发展的影响，是学校等其他环境无法比拟的。在孩子迈出家门逐步走向社会时，家庭的重要功能之一就是，"在家里"帮助孩子发展"在家外"的各种能力，使他们获得社会认可的信念、态度、价值观和行为方式。

在很大程度上，4岁孩子的社会化是在家庭的亲子互动中进行的，家庭人际关系的质量决定着4岁孩子的社会化过程是否顺利，是否存在障碍或缺陷，也决定着孩子日后社会化可能达到的水平。试想，一个在家庭中经常被忽视、受到伤害甚至虐待的孩子，一个在家庭中从未体验过尊重、敏感、回应式的教养方式的孩子，怎么能建立起安全型依恋，为其日后的认知能力和社会性能力的发展奠定基础呢？如果希望孩子在家外表现出什么样的行为和教养，那么父母就必须在家里先给孩子做出类似的示范和进行类似的练习。

让孩子在家庭生活中学习社会知识。对于 4 岁的孩子来说，最基本的社会知识就是基本的行为能力，父母要注意从吃饭、穿衣、走路、说话等日常生活开始教起。例如，吃饭看似简单，实际上它包含着很多的规矩和文化在里面，如不能拿着筷子乱敲碗碟，不能用筷子指人，更不能用筷子翻搅饭菜等。接受了这样的家庭教育后，孩子即使被带到公共场合吃饭或参加宴请，都会表现出得体的餐桌礼仪，体现一定的家庭教养，这些是让他们受益终身的学习。我国历代流传下来的家训中，都是把父母对孩子的生活教育作为社会教育的重点，例如《朱子家训》中开篇说的"黎明即起，洒扫庭除，要内外整洁。即昏便息，关锁门户，必亲自检点"，强调的就是这一点。

让孩子在家庭中接受社会规范。家庭是孩子最先进入的人际群体和社会组织，孩子往往从实际的家庭生活中学习父母与子女间的礼节，学习兄妹之间的伦理规范，学习《三字经》中所说的"兄弟友，弟则恭；长幼序，友与朋"的道理，甚至从家庭活动中自觉或自发地学习接受"长幼有序、邻里和睦"的一些准则。此外，在父母的示范和教导下，儿童在家庭生活中也能学到待人接物的交往规范。

让孩子在家庭中发展共情能力。心理学家艾森伯格（Nancy

Eisenberg）从一项长达17年的追踪研究中发现，因为4岁孩子大多数还是以自我为中心，因而他们的亲社会行为通常也是"自私"的，他们只会关注自己，不太会主动地关心他人。但是，那些在父母的引导下共情能力较高的孩子，比如能够关注他人的情绪、自发分享行为较多的孩子，在整个儿童期、青少年期甚至成年期都会表现出更多的助人行为，更关心别人，在亲社会行为和社会责任方面也较为突出（[美]戴维·谢弗著，陈会昌译，《社会性与人格发展》，人民邮电出版社，2012年）。父母在家庭中如果能做孩子共情的榜样，教会孩子在生活中理解别人的情感等，就能极大地提升孩子的共情和亲社会的能力。事实上，已有很多的研究发现，对孩子温和、精心呵护的父母，表达积极情绪多于消极情绪的父母，孩子的共情和亲社会倾向就更明显。这样的家庭给予孩子的精神滋养，是他们日后立足于社会的无形资产和法宝。

家庭是培养4岁孩子主动和自信的土壤

获得主动感和自信心：社会性的发展重点

社会学家埃里克森（Eric H. Erikson）的研究指出，个体的社会性发展持续一生，共经历八个阶段。4～5岁是孩子获得主动感与克服内疚感的阶段。处于这个阶段的孩子，其肌肉运动与言语能力发展迅速，能跑、能跳、能骑童车等，能说连贯的句子，还能把自己的活动扩展到家庭以外的范围。除了模仿行为外，孩子对周围的环境也充满了好奇心。这时候，如果成人对孩子的好奇心以及探索行为不去妄加阻挠，而是让他们有更多的机会去自由地参加各种活动，耐心地解答他们提出的各种问题，而不是嘲笑、指责，更不是禁止，那么孩子的主动性就会得到进一步的发展，表现出极大的积极性与进取心。

表 3：　埃里克森的心理社会发展阶段简表

儿童发展阶段	大约年龄	发展任务		
婴儿期	0～1 岁	基本信任	VS.	基本不信任
学步儿期	1～3 岁	自主	VS.	羞怯与怀疑
学前期	3～6 岁	主动	VS.	内疚
学龄期	6～10 岁	勤奋	VS.	自卑

注：改编自戴维·谢弗著的《社会性与人格发展》，人民邮电出版社，2012 年，第 44 页。

在 4 岁之前，根据埃里克森的理论，0～1 岁属于婴儿期，是获得基本信任感与克服基本不信任感的阶段。所谓基本信任，就是婴儿的需求与外界对其需求的满足保持一致。在这一阶段，婴儿对母亲或其他照料者表示信任，婴儿感到所处的环境是安全的，周围的人们是可以信任的，由此就会扩展为对一般人的信任。婴儿如果得不到照料者的关心与照顾，他们就会对外界，特别是对周围的人，产生害怕与怀疑的心理，以致会影响到下一阶段的顺利发展。

1.5～3岁属于自主与害羞（或怀疑）的冲突阶段。这一阶段，孩子掌握了大量的技能，如爬、走、说话等。更重要的是他们学会了如何坚持或放弃，也就是说，孩子开始"有意志"地决定做什么或不做什么。这时产生的亲子间的冲突会很激烈，也就是所谓的第一个反抗期的出现。一方面，父母必须承担起控制孩子行为并使之符合社会规范的任务，即养成良好的习惯。例如，训练儿童大小便，使他们对随地大小便感到羞耻；训练他们按时吃饭、节约粮食等。另一方面，孩子开始有了自主感，他们坚持自己的进食和排泄方式，所以训练良好的习惯不是一件容易的事。这时孩子会反复应用"我""我们""不"等词汇来反抗外界的控制。父母对此不能听之任之、放任自流，这将不利于儿童的社会化。反之，若父母管教得过分严厉，又会伤害孩子的自主感和自我控制能力。如果父母对孩子的保护或惩罚不当，他们就会对自己产生怀疑，并感到害羞。

3～6岁是孩子获得主动感与克服内疚感的阶段。在这一阶段，如果孩子表现出的主动探究行为受到鼓励，他们就会形成主动性，这为他们将来成为一个有责任感、有创造力的人奠定了基础。如果孩子在家里能够得到足够的支持和自由，并且得到承认和鼓励，那么他们的主动性和自信心就会得到进一步发展，即使走出家门，在外边的环境里也会是一个积极主动的孩子。但如果孩子在家里得不到足够的支持和鼓励，他们的创造行为和想象力处处受到限制和压抑，那么孩子就会逐渐失去自信心，在他们走出家门后，就会在外面的陌生环境里处处表现出胆小、退缩和抗拒行为，缺乏与外界环境进行友好、开放的互动的热情和技能。

家庭的接纳和鼓励是孩子发展的土壤

在促进 4 岁孩子的自主性和自信心的发展方面，家庭环境发挥着重要的作用。父母要时时提醒自己，有意识的教养首先是一种特别选择的环境。自从孩子降生到你的家庭中起，养育孩子就绝对不是一件随性的简单事件。"任何环境，除非它已经被按照它的养育效果深思熟虑地进行了调节，否则就它的教育影响而言，乃是一个偶然的环境。一个明智的家庭与不明智的家庭的区别，主要在于家庭中盛行的生活和交往习惯，是不是根据家人对儿童发展的关系的思想进行选择的，或者至少带有这种思想的色彩"（《民主主义与教育》，杜威著，人民教育出版社，2001 年版）。

父母及其他家庭成员能够认同和理解 4 岁孩子生长的重点及需求，

并给予恰当的帮助，这对孩子来说将是最大的福祉。首先，父母的接纳和敏感性（反应性），也就是父母对孩子的行为举止表现出来的支持、关爱和敏感程度，直接影响到 4 岁孩子的自主性发展。接纳反应型的父母经常会对孩子微笑、赞赏、鼓励，会表达足够的爱。虽然孩子犯错时他们也会非常严厉，但是这类父母却能让孩子依然尊重和相信。相反，接纳性和反应性较低的父母动辄就会批评、贬损、惩罚或忽视孩子，在这样的家庭中成长的孩子，很难发展主动和自信的品质。

另外，在家庭中父母的要求和控制性，也就是父母对孩子的管束和监控程度，也会直接影响 4 岁孩子的自主性发展。一般而言，有明确教育要求的父母会限制孩子的自由表达，他们会提许多的要求，并主动检查孩子的行为以确保这些规则得到执行。而没有明确教育要求的父母则对孩子限制得较少，他们很少提要求，在孩子的兴趣爱好以及决定自己的事情方面，给予孩子极大的自由和空间。

心理学家埃里克森告诫父母，要尊重孩子，不要过分摆起家长的架子，不要侵犯孩子的生活。但是对于这条建议，有人却叫嚷：你真要放弃父母的权威，让孩子去过他自己激情和奇想的狂妄生涯，把这种"无政府状态"称为尊重儿童的天性吗？关于孩子的教养，有两点需要注意：保护孩子的天性，除了天性，别的都能通过锻炼搞定；保护孩子的天性，就是按照它所指的方向，用知识把他们武装起来。4 岁孩子的自主感和自信心的发展过程，就是在作为主体的儿童与周围环境的

那么，孩子将会带着伤心和更大的焦虑入梦。次日早上，他可能怀着内疚的心情去幼儿园，然后眼睁睁地接受自己不能播报新闻的事实。

此后，很有可能，我只能说很有可能，孩子对周三新闻播报的焦虑将会加深。那么这种"自然后果法"也只能变成对孩子冷漠又变相的一种惩罚，又如何体现出我们对孩子真正的善意？

以上这个故事正是家庭教育充满情感力量的真实写照。

原则二：适合性原则

家庭的抚养理念及要求要充分考虑4岁孩子的普遍发展水平。作为父母，无论处在哪个时代，生活在哪个国家，正如陈鹤琴先生所言，"若不明儿童的心理而妄施以教育，那教育必定没有成效可言"。所以家庭的抚养理念及方法都要和孩子的身心发展及个体特征紧密结合起来。

首先，家庭教育要充分考虑4岁孩子的普遍发展水平。我们不能指望一个4岁的孩子能够完成6岁孩子做的复杂动作，更不能指望他们如同10岁的孩子那样懂事理。父母对孩子的教育期望以及选择教育方法时，首先要考虑是否适合孩子的接受程度。例如，孩子4岁后，会萌发出个人自尊，不会像以前那样认为自己什么都能干，什么都想干，而是会产生一种"如果失败，就会很丢脸"的想法，所以在很多场合就会表现出害羞、退缩，甚至强烈抗拒的行为。这时候如果父母能够理解这是孩子正常的发展阶段，就不会想当然地责备孩子："以前还很大方，怎么越大越胆小了呢？"如果父母懂得孩子，就会鼓励孩子："这个做起来可能有点难，但是你可以试着去做一做，失败了也没有关系。"

其次，父母要注意观察自己孩子的特点，选择适合孩子个性特征的教育方式。4 岁孩子的性格会逐渐表现出来，有的孩子是慢性子，干什么总是不慌不忙；有的孩子是急性子，性情急躁；有的孩子天生喜欢与人交往，而有的就显得畏缩不前，即使是双胞胎，彼此之间也会有很大的差异。所以，父母在对待孩子时，要把自己孩子的个性视为他独有的优势，选择孩子最能接受的教养方式。另外，父母不能总把自己的孩子跟别的孩子做比较，拿别人的教育方法来培养自己的孩子。最重要的是，父母要相信你才是最了解自己孩子的那个人，只有你才是最懂得如何教育自己孩子的人，最适合的就是最好的。

最后，父母和其他主要看护者要给予孩子与其发展相适应的帮助和要求。相比 3 岁，4 岁的孩子在各个方面的发展都进入了一个新的阶段，其中最重要的便是自我意识的萌生，所以父母要重视培养孩子的自尊和自信心。从身体能力的发展看，4 岁孩子的力量、稳定性和灵巧性都有了一定的发展，因此，从 4 岁半以后，父母可以考虑让孩子学习一些需要身体技能的本领，如舞蹈、足球、轮滑等。这个阶段的孩子开始懂得别人的情绪，也能够比较深刻地理解图画书或故事书里的各种情节，想象力也更加丰富。父母在这个时期可以给孩子阅读更多种类的故事，并就故事的情节和孩子进行讨论，增进他们的思考能力和移情能力。

原则三：共建性原则

任何家庭都是一个复杂的社会系统，就像人的身体一样，既是一个整体结构，又是由相互联系的各个部分组成。家庭的各部分之间相互影响，并同时对孩子的教育产生作用。养育一个孩子，需要家庭内部、外部各种关系和资源的共同力量。

养育孩子需要夫妻共同参与，共同努力。长久以来，人们关注亲子关系时都会过度强调母亲的职责，即妈妈的角色对于孩子成长的重要性，认为妈妈是培养孩子的安全感及塑造人格的重要因素，其次才是爸爸。但是，现在越来越多的人开始质疑这种观点，支持和呼吁一种更为全面综合的父母养育方式，呼唤"父亲的回归"。当夫妻双方共同养育孩子，支持对方的抚养行为，相互理解而不是对抗时，孩子的发展才会最理想。

家庭中的其他成员也发挥着各自的作用，形成一个生活的共同体、思想的共同体和问题解决的共同体。父母要认识到，孩子生活的家庭是一个不断发展的系统，每个生活在其中的成员都是不断发展的个体，而夫妻关系、亲子关系、隔代关系、同胞关系的变化与互动也会影响到每个成员的发展。这些关系中会暗藏着各种冲突与矛盾，例如，对于孩子的教育，妈妈可能会采用这样的方式和态度，而爸爸可能会采取与其完全相反的那种方法。家里有祖辈帮忙的家庭，情况会更加复杂，在处理许多事情时，祖辈可能会有他们的理解和做法，但这些做法可能会遭到年轻父母们强烈的反对。家庭中的每个人和每种关系都会直接或间接地影响到其他人和其他关系，如何在变化的复杂家庭关系中形成整体性的育儿共同体，是家庭培养孩子应该坚持的首要原则。其中，要从4岁起，父母就应培养孩子参与家庭共同生活的能力，培养孩子的生活自理能力和敢于尝试的意识。不能因为孩子小，就把他们视为家庭生活的局外人。父母要让孩子直接参与家庭事务，一些与孩子有关的事情要和孩子商量，商量的目的不是要孩子拿主意，而是要让孩子感觉到他是家庭中的一员，家庭的一切都和他息息相关。有了这些观念，孩子就会逐渐主动地参与家庭事务了。

父母除了努力在家庭内部寻求帮助外，还要尽己所能，团结更多的外部力量，来帮助培养独立自主的孩子。父母要学会与孩子的幼儿园的管理者、老师、家长群体建立和谐的关系，带领和鼓励孩子参与幼儿园的集体活动，参与幼儿园及社区相关的志愿活动等。父母要努力与各式各样的社会资源进行联结，努力为孩子的发展获取更多的支持和机会，给予孩子家庭之外的锻炼机会，进一步培养他们的独立性和自主性。

Tips

父母要激发孩子独立自主的家庭身份，让他们尽早意识到自己是家庭建设的一分子。

原则四：一致性原则

关于家庭成员间对孩子教育一致性的问题，陈鹤琴先生曾经做过研究，并做出了精辟论述："父母打小孩子是因为小孩子不听父母的教训或做错事情的缘故，所以当父母打小孩子的时候，旁边的人不应当来帮着小孩子说'可怜''真苦''不要去打他'等话语，倘使这样去说他，那么小孩子以为他自己真是对的，父母打我是错的。"那么当父母惩戒孩子时，其他在场的人应该怎么做呢？陈鹤琴认为，"旁边人任其父母打几下，然后去把他领开，而且教他下次听父母的话。"

家庭教育一致性的问题，除了教育孩子要讲究方式方法外，还要求家庭全体成员应该持基本一致的言行，就是相对规范的言行。做到这一点并不难，只要家庭成员坚持正直做人、正确做事、持正确思想，就容易形成一致的言行。当然，家庭成员间的一致性，不能是一时一事的，必须长期一致方能真正达到教育孩子的效果。如果做不到这一点，当家庭成员间在具体事情上出现分歧时，孩子就会倾向于跟自己感情深的一方，或是父亲，或是母亲。如果孩子倾向于父亲的情感，而且父亲是正确的，那么孩子就会自然接受正确的教育；如果孩子倾向于母亲的情感，而母亲的做法是错误的，则孩子就会接受错误的教育。

原则五： 游戏化原则

游戏对儿童来说至关重要，这一点前面我们也提及过。游戏是孩子产生高级心理现象的重要源泉，也是他们社会化的重要途径。在幼儿期，孩子有渴望认识世界的心理需求，而游戏是他们认识世界的最直接的方式。幼儿家庭教育应该顺应孩子爱玩、爱游戏的心理，将游戏融入生活和教育，让孩子在愉悦的环境中学习。游戏形式多样、内容丰富，不仅能强健孩子的体魄，培养孩子的合作意识、规则意识，还能培养孩子的创造力，让他们在体、智、德、美各方面得到全面发展。

父母如果利用孩子的这种心理，以游戏的方式去教导孩子，孩子没有不喜欢听的。所以在一个家庭里，父母真的不必总是板起脸来教育孩子，若想让孩子听你的话，最好用游戏式的方法去引导他。心理学家阿德勒指出，游戏应被视为自母亲为孩子的幻想和生活技能而设计的教育辅助，以及为精神提供的刺激。在观察游戏中的孩子时，我们能够看到他们对待生活的全部态度。游戏可被视为孩子对未来的准备，游戏最重要的角色是一种社会性的操练，它能使孩子满足并实现其社会性。通过对游戏中孩子的观察，我们就能胸有成竹地判断其社会感的总量。

父母随笔

第 *2* 章

关系是孩子一生的财富

好的家庭关系是父母送给孩子最宝贵的人生财富，是孩子发展独特的自我认识、自我价值的基础。父母要努力做到，为孩子提供和谐的家庭关系和亲子关系，让他们在家庭的各种关系中汲取营养。

关系再美，要能看见孩子

正正的妈妈是个游泳爱好者，最近一段时间游泳时总会带上正正，因为她想自己教孩子学游泳。最初，正正很兴奋，和妈妈一起下水觉得很好玩。但是当妈妈要正式教他的时候，他们的关系就变得紧张起来。因为当他没有按妈妈的要求去做时，妈妈总是板起脸训斥他。最初的游泳圈被换成了绑在胳膊上的浮漂，妈妈也不再是和他嬉戏的伙伴。原本对游泳充满向往的正正有了几次不愉快的经历后，开始对游泳池产生了排斥心理。正正觉得以前妈妈那么爱自己，自从学习游泳后，妈妈就变得非常严格，发现正正的动作不对就会大喊着纠正，经常搞得孩子一边哭一边游。现在正正不但厌恶游泳，而且看妈妈的眼神也比以前怯懦了许多。他们之间的关系，似乎出现了一点儿裂痕，不和谐的光正逐渐从那里透出来。

不知你是否体验到，孩子到了 4 岁后，与父母的关系正悄悄发生着变化。他们的个性特征开始显露，做事的自主性也逐步增强。在与父母的关系里，他们不再是那个可以任由父母摆布的小娃娃了，而是能够与父母进行互动，有时甚至挑战和反抗父母的一个真正的"人"了。那些因为日常琐事与孩子陷入战争中的父母应该承认这样的事实：与一个 4 岁的孩子建立亲密关系，不再是"你情我就愿"的单方主动和单向邀请的模式了。相比以前孩子乖乖傻傻的乐呵劲儿，现在的他们拥有正在发展的独立意识来判断父母的行为，决定自己的行为。一旦孩子的个人意志不能服从父母的主意，原本和谐的亲子关系就会产生裂痕，使亲与子两方在一段时间内难以适应。

上面例子中的正正妈妈，原本是儿子心目中的慈母和快乐的玩伴。在之前的亲子关系中，妈妈是孩子成长的主导者，一般对孩子没有太多太大的要求。这是由孩子的年龄特征决定的，孩子多数是完全顺从于妈妈要求的小乖乖，所以在与孩子日常的各种关系中，比如游泳娱乐时，孩子只是跟着妈妈快乐地玩耍，亲子关系非常融洽。但是一般到了 4 岁，父母觉得孩子已经长大了，就会逐渐对孩子提出新的期望和要求，就像正正的妈妈一样，对孩子的游泳规定了新的要求，把自己变成孩子成长的最负责的监督者。然而，孩子恰巧又正处于个性成长和自主性发展的关键时期，亲子之间很容易陷入日常战争，并影响到未来关系的走向和质量。

孩子从 3 岁走向 4 岁，其身体、心理及个性发展都发生了很大的变化，与外界的关系也在不断地发生变化。

好的亲子关系中能看见孩子的发展需求

许多父母爱孩子的初衷是伟大的。他们认为爱孩子，就要为孩子考虑一切，包括孩子的衣、食、住、行、兴趣发展、社会交往等，父母都要亲自去挑选、去执行、去参与、去落实。有些父母甚至坚信，在孩子年幼时，一般是 6 岁之前，父母是孩子以后朝好的或不好的方向发展的全部负责人；孩子日后会成长为什么样的人，爱什么，不爱什么，很大程度是由父母决定的。基于这种认识，在与孩子的亲子关系中，父母过度付出，提出过高期望，单方面主导着孩子发展的一切。

举个例子，有一个叫桃桃的 4 岁小女孩，父母都是文科背景，但他们希望孩子今后能在理科方向发展，特别是在数学逻辑思维方面得到早期的启蒙和引导。因此，在家庭生活中，他们在家里的墙上贴满了各种与数字有关的挂画、贴图，购买了逻辑训练等许多开发数学逻辑思

Tips

亲子关系需要随着孩子的不断成长逐渐建立和调整。父母在这个阶段的任务就是要看到孩子的发展需求，与孩子建立更深层次的联结与关系。

维的书籍，还专门送桃桃去上数学逻辑兴趣班和围棋兴趣班。在日常的其他时间，他们也特别重视和孩子玩各种与数字有关的游戏，阅读与数学相关的书籍或故事。但他们这样的"良苦用心"孩子难以接受。例如，最让孩子头疼的围棋课，刚开始时，老师用"灰太狼"比喻黑棋子，用"喜羊羊"比喻白棋子，"灰太狼抓喜羊羊"的游戏虽然有助于她对围棋产生最初的兴趣和理解，可是到了后期，课程进展到四段和八段的时候，难度就远远超出了她的理解能力和接受能力，这与她年龄所对应的发展阶段和能力很不匹配。每次爸爸在家里要"引诱"或"强迫"她下围棋的时候，她都会做出各种举动来反抗，使父女俩的关系变得紧张起来。

好的亲子关系中能看见孩子的独特性

每一对亲子关系都是独特的，因为每一对父母和孩子都是独特的。父母在与孩子建立磨合关系的过程中，不仅要考虑到自己个性的独特性，更要考虑到孩子个性的独特性。无论哪种类型的亲子关系，都是父母和孩子互相磨合而产生的，更是为孩子量身定制的，不是父母单方面形成的结果。有些父母倾向于采用权威型教育方式来教育孩子，他们的孩子也比较容易接受他们的权威。这并非因为父母所采取的权威型教育方式是最好的教养方式，而是因为孩子的接受特征与父母的教养特征达到了某种吻合，或者说他们与父母共享的独特基因促进了两者适应性的发展。

拿居里夫人的幼年家庭教育环境为例，据《居里夫人传》一书的描述，小玛丽（也就是后来的居里夫人）小时候生活在一个态度严谨的科研家庭里，她的父亲是一位生性温和、治学严谨的物理学家。小玛丽的童年几乎是在父亲终日摆弄试验器皿的实验室里度过的，父亲的每一个动作、每一个眼神、每一个神态、每一句感叹都像血液一样注进了她的身体。而小玛丽本身也恰好是一个生性腼腆、内向拘谨但又追求严谨的人，父亲对她无言的影响，以及后来严格的引导和教育，都与她身体里流动的遗传基因及自身的个性特征达到了极大的默契和吻合，形成了他们之间独特的亲子关系和教养风格。正如居里家在教育子女的教训里强调的，"绝不为继承和发扬家族的荣誉而强迫子女成为科学家"。父母给予孩子的这种深厚的感情一直伴随着小玛丽的成长，塑造了她热情严谨而又坚忍执着的人格品质和科学素养，这是父母和家庭在生命的最初馈赠给她的宝贵财富。

我们再来看另一个例子。

川川是个生性腼腆的小男孩，今年刚上幼儿园中班。川川最喜欢画画和做手工，可是他的父母总觉得男孩子这样太安静，像个小姑娘，长大了没出息。他们希望孩子能变得多动和活泼一些，用他们的话讲就是有个男孩子的样子。经过夫妻俩商量和咨询，他们决定给川川在园内园外的兴趣班全都选择与强健身体或体育相关的：在幼儿园报了跆拳道、足球、武术；在培训机构报了橄榄球，还自作主张停止了川川之前上的画画和陶艺兴趣班。日常生活中，父母带孩子时也特别注重对孩子阳刚之气的训练。例如，爸爸强迫川川和自己玩击掌和追逐游戏；妈妈一有空就拽着川川到楼下骑自行车。父母的良苦用心似乎没有收到他们想要的效果，父母的改变计划实施半年以来，川川的脑腆中似乎又多了其他的东西，那就是执拗和反抗。这让夫妻俩更加焦虑，他们用心良苦，可就是在这一份"用心的爱"中未能看到自己孩子的独特性和个性特征。

川川父母的做法，难道不值得我们家长反思吗？

送给孩子最美的"第三种爱"

桐桐的妈妈最近特别苦恼，自从孩子上幼儿园之后，她觉得在照顾孩子日常生活方面的压力明显减轻了，但是对孩子教育方面的压力却越来越大了。这其中最让她苦恼的事情就是，她和丈夫对孩子教养行为的差异，以及丈夫在许多事情上表现出的"懒散"与"漫不经心"。比如，桐桐每天按规定必须在早上 8 点前到达幼儿园，晚上必须保证充足的睡眠和规律的作息时间。但是在他们家，这却是一件比登天还难的事情。桐桐的妈妈认为，最重要的原因就是丈夫生活作息不规律，严重影响了她和孩子的作息。因为桐桐的爸爸是个"夜猫子"，习惯于晚上工作，导致桐桐每晚入睡困难。第二天早上，孩子要早起准备上幼儿园的时候，桐桐爸爸又恰巧正在睡觉。在桐桐没有上幼儿园之前，桐桐的妈妈对丈夫的这种行为并没有太大意见，但是自从孩子上幼儿园后，便逐渐心生怨言。所以，她经常当着孩子的面数落丈夫，责怪他只顾自己，不关心孩子的作息，早上送孩子入园的任务全落在自己一个人肩上。因为对丈夫有太多怨言，生活中会经常爆发夫妻俩针对一些芝麻小事的争吵，而且经常是当着孩子的面吵。虽然她对桐桐照顾得无微不至，几乎把所有的时间和爱都给了孩子，但是总让人觉得这份爱里缺少一种更重要的东西。

在抚养孩子的过程中，如果孩子能看见父母自然地表现他们本来的性格特征，见证他们通过理解和沟通来分享喜悦、分担困难，以及做到互相鼓励，那么孩子就能够在父母良好的夫妻关系中获取家庭传递出的力量和能量，并体验家庭中一致的教养原则。

4岁是孩子建立自主感、自信心及健康人格的关键时期，在这一时期，帮助孩子欣赏父母双方的不同特点是他们建立信念和信心的重要基础。如果父母只是试图表现成为"孩子的好妈妈"或"孩子的好爸爸"，只是片面地注重自己与孩子之间的亲密关系，但没有合二为一，

Tips

在一个理想的家庭中，父母不仅重视和孩子之间的亲密关系，更应注重夫妻之间的亲密关系和相互支持。4岁的孩子，其健康人格的形成需要母爱和父爱，同时还需要"第三种爱"，即父母之间的爱。

成为一个亲密的"父母共同体"，那么这样的爱就一定是单薄和不完整的。

父母之间的爱对孩子也是一种爱，这种爱不直接给予孩子，但会传递给孩子，使孩子感受到一种温暖。父母之间的感情状况、互动模式等都会对孩子产生无形的影响。有这样一位妈妈，对待自己的孩子总是和颜悦色，即使面对孩子犯错时也能做出一副"完美妈妈"的模样。但是面对丈夫时，态度就大为不同了，丈夫即使很不经意地造成小失误，也会被她数落半天。妈妈的这种变化对丈夫而言早已习以为常了，他认为女人自从有了孩子，都会漠视和挑剔自己的丈夫。但是孩子就觉得难以理解，因为他在妈妈的目光里感受到了无限的爱和温暖，可是只要爸爸一出现，妈妈的标准为什么就变了呢？这和自己有关系吗？因为爸爸做的很多事情都是不对的，所以我也要那样去对爸爸吗？我和妈妈在一起的时候听妈妈的，和爸爸一起的时候就听爸爸的？妈妈对我的态度会不会有一天也会变成对爸爸那样呢？……

在这样的家庭关系氛围里成长的孩子，多数都会被撕扯成分裂的碎片，而且很容易变成"两面派"。一位受访谈的妈妈曾痛苦地控诉：自从孩子出生后，我就辞职在家成了全职妈妈，这几年来，我几乎把所有的时间都给了孩子，孩子也只是黏我，喜欢听我的话，从来都不怎么黏爸爸。但是最近两年，尤其是孩子上了幼儿园之后，我就发现，这孩子发生了变化，只要我和他爸爸因为什么事情发生争执，他就会马上偏向他爸爸，而且也变得越来越不听话，我说什么都不会像以前那么乖乖听了，反而是爸爸说的，他就听了。这到底是怎么一回事呀？

其实我们周围有很多这样的妈妈，她们陪孩子的时间最多，照顾孩子最多，可是等到孩子逐渐长大，到四五岁的时候，突然就喜欢听爸爸的话了。孩子的自信及自尊的建立需要一种家庭氛围，而且这种家庭氛围不只是针对孩子的。在这种氛围里，家庭中每个人的特点都得到赏识，互相之间从不吝啬对别人的爱和赞美，即使犯错也是用来互相分享和学习的，而不是互相指责和谩骂。虽然父母之间的感情及交流方式对孩子不直接产生影响，但也正是在父母日常的行为，包括交谈、争论、表达爱意等细节中，孩子习得了父母无言的教育及价值传递。孩子的许多学习正是通过这些进行的，他们的性格特点也是通过这些养成的。

听爷爷讲那过去的事情

贝贝很幸福，从出生的第一天起就在爷爷奶奶的精心照顾下成长。爷爷以前生活在乡下，但对后代子女的教育格外重视。例如，贝贝出生后填写出生证需要起个学名，爷爷就起了很大的作用。在他的建议和坚持下，贝贝的学名遵照家族的辈分排名，是一个带着家族故事的名字。贝贝的老家在浙江，是当地很有影响的"钱"姓，每次给别人介绍贝贝学名的时候，他总能滔滔不绝地讲半天，讲自己家族辈分的各种讲究，以及从自己家族出来的各种名人。爷爷以前是村里的民办教师，遇到什么新鲜事物总是喜欢结合自己的经历给孩子讲故事，尤其是和自己小时候、贝贝爸爸小时候有关的事情，并且喜欢拿家里的事情教育和鼓励孩子。贝贝有段时间很喜欢认字，他就专门用毛笔把自己的名字、贝贝爸爸的名字、贝贝的名字写下来让孩子认。贝贝问他为什么每个人的名字里都有同样的"钱"字，他就告诉孩子他们三人之间的关系，告诉他关于家族里其他人的故事，而且还教贝贝读出爷爷、爸爸和自己的名字。现在，贝贝已经上幼儿园中班了，爷爷每天接送他上幼儿园。贝贝听过老师和妈妈讲的很多绘本上的故事，但他依然很爱听爷爷讲的爷爷小时候、爸爸小时候，甚至爷爷的爷爷的故事。虽然他现在小，还不能精确地复述出来，但在他心里，坐在爷爷的怀里听故事是一段很美好的体验。

孩子和祖辈一起生活是人类繁衍生存的常态，听祖辈讲着家族的历史慢慢长大几乎是每一个新生命成长的经历。然而，在今天我们的家庭生活中，这样的情景越来越少了。今天的孩子很少和祖辈长期生活在一起，尤其是在城市的核心家庭和许多双职工家庭中，祖辈通常只是作为临时的家庭成员进入孩子的生活，而且在育儿的角色定位上，也主要是发挥着"后勤保障"或家务辅助的作用。很多祖辈还会以"候鸟"的方式断断续续出现在孩子的家庭中，很难起到理想中祖辈对孙辈潜移默化的教育作用。

但是，正如上面例子中的贝贝爷爷，除去生活的日常照料之外，祖辈还是后代精神成长的强大后盾和宝贵资源。

放手让祖辈成为孩子的第二照顾者

祖辈是年轻父母养育孩子的珍贵人力资源和文化资源，（外）祖父母参与孙子女的照料在中国社会古已有之。祖孙亲情除了带给孩子温馨的时光，还可以给予孙辈最好的生命教育。

一方面，（外）祖父母参与孙子女的抚育，这是对子辈家庭的重要支持，有利于建立良好的祖孙关系，传递特有的家族文化。例如，许多由老人带的孩子在生活作息规律、基本礼貌礼仪等方面都得到很好的培养。

另一方面，在现实生活中，（外）祖父母承担了大量对孙辈的生活照料以及辅助性的家务劳动。比如，买菜、做饭、打扫卫生、洗衣服等日常家务，以及去幼儿园接送孙辈上下学。在某些父母工作繁忙的家庭中，祖辈参与了更多的儿童照料，减轻了年轻父母的生活压力，让许多年轻的父母能够从家庭事务中解放出来，有机会拥有更多的家庭之外的自由时间和精力。

（外）祖父母参与孙辈的抚养，可以使孩子的成长得到更温暖的支持。日本心理学家河合隼雄认为，也许是因为"孩子来自另一个世界，而老人马上要去另一个世界了，两者都与另一个世界相近，在这一点上是相同的"。走在生命的初始和归途，以血脉亲情为纽带，祖孙之间总能产生温馨的交流，生成很多意味深长的故事。因为（外）祖父母照看孩子，侧重点不同，通常能够弥补年轻父母在教养孩子时的缺失，或者孩子在其他方面需要的支持。年轻父母作为主要的"社会性抚育者"，根据社会的要求或现代育儿的主张，来养育孩子进行训练；而（外）祖父母主要承担对孙辈的生理性抚育和情感性抚慰的职责，更容易站在孩子的立场体恤他们的痛痒，给予温情慰藉。懵懂的孩子在与（外）祖父母相处的过程中，也渐渐理解了生命的成长与衰老规律，自然地学会去真实面对自己的成长，并学会用自己微小的力量去帮助老人。这些都是一种无言的生命教化。

祖辈陪伴会让孩子产生更大的归属感和精神力量

祖辈是家庭中强大的文化符号和历史讲述者。一个有（外）祖父母陪伴长大的孩子，对于家族的记忆一定会比没有祖辈陪伴的孩子更鲜活、更生动。来自父母之外的更久远的血缘之爱，会让他们对自己生命的来历和价值有更深刻的理解。如果说父母的爱是一种出自本能的家庭之爱，那么（外）祖父母的爱则是一种来自家族的精神之爱，是对孩子实施的家族记忆的补充。我国著名学者钱文忠在北京首都图书馆为读者讲解中华姓氏文化时提到，"家族记忆是中华民族重要的精神支撑力量，在最艰难、困难的时候，让每个人知道背后有许多祖先支持，并因此不断激励自己"。今天，我们在谈论祖辈教育和隔代抚养的问题上，一定不能忽视这一点。

国外有研究曾得出结论，当面对困难的时候，那些熟知家族故事的孩子会表现得更好。这是 2001 年由美国心理学家杜克发起的一项研究，为了验证家族记忆对于孩子成长的重要性，该团队研发出了专门针对孩子的测试系统，即"你知道吗"测试表。这个测试要求孩子回答20 个问题，这些问题都是与孩子成长的家庭息息相关的。比如，你知道你的（外）祖父母在哪里长大的吗？转化为中国式的提问就是，你知道你的老家在哪里吗？你知道你的家里都发生过什么有趣的或重大的事情吗？你知道你的家庭里都有哪些亲戚吗？等等诸如此类的问题。

杜克博士等人随机选取了 48 个家庭，向他们提出这些问题，并对一些家庭在餐桌上的谈话进行了录音。然后他们将孩子们通过测试表得出的结果，与孩子们接受的一系列心理测试结果进行了比较。最后，他们得出一个惊人的结论：孩子们对自己的家族历史知道得越多，对自己家族的亲属了解得越多，他们就越有控制自己人生的意识，自尊心

Tips

在这里想再次提醒父母，虽然在现实生活中，父母与祖辈在孩子教育中会产生很多的冲突和矛盾，但是要更多地看到祖辈对于孩子成长的积极意义，然后通过有效的沟通和协商，鼓励祖辈以最好的状态参与到孩子的成长过程中来。

也就越强，越相信自己的家庭将会做得更成功。

正当人们对杜克博士等人的研究结论进行质疑时，美国发生了震惊世界的"9·11"事件，美国人民正深陷极度恐慌之中，灾难感和不安全感笼罩了所有的人。杜克团队此时对之前参加过测试的孩子再次进行评估。测试结果使他们更加坚信之前的结论，那些对于家庭历史知道得比较多的孩子，他们的适应能力也更强，这意味着来自家族的历史感和归属感能帮助他们减缓压力。

为什么知道更多（外）祖父母的故事，与祖辈之间有更多的接触机会，有助于孩子适应和克服诸如小磕碰带来的或大的恐怖事件产生的不良影响呢？答案就在于，孩子在成长过程中吸收了来自自己小家庭之外的"大家族"的力量，有了牢固的家族归属感，他们知道自己属于比自我更大的范畴，而且知道自己连同自己的父母都是来自哪里。

第 *3* 章

让孩子看见房子里的"家"

环境是没有言语的教育。家庭环境中的每一件物品、每一种声音、每一种色彩、每一种味道……都会慢慢地融进孩子们的血液，将他们变成这个环境的一件作品。

用这样的"音乐"磨耳朵

做受孩子欢迎的"猪爸爸"和"猪妈妈"

有一部小孩子特别喜欢的动画片叫《小猪佩奇》，讲述的是猪爸爸、猪妈妈、猪姐姐和猪弟弟一家四口的日常生活。和我们寻常人的家庭一样，小猪一家的生活平常有序，爸爸妈妈都是普通的上班族，每天的生活是工作、养家、抚养孩子。猪姐姐佩琪 4 岁，已经上幼儿园了；猪小弟乔治 2 岁，整天抱着一只玩具恐龙，是姐姐的跟屁虫。动画片采用片段的方式向我们呈现了小猪一家人生活的各个方面，包括吃、喝、拉、撒以及喜、怒、哀、乐，就像我们自己的生活一样。但是，每次看到"这家人"都会让人产生一股暖暖的感觉，生活里出现的任何小插曲、小麻烦，在他们家里最后都会变成充满魔力的一束光，定格在影片最后全家人倒地笑得前俯后仰的快乐画面中。

很多人喜欢听影片中小猪一家人的对话，特别是猪妈妈的声音。她虽然是以猪的卡通形象出现在观众面前的，但在所有孩子的眼里，她简直就是全世界最好的妈妈。无论何时何地，她总是和颜悦色，说话不温不火、不慌不忙，就算丈夫或者孩子会惹她生气，她从来也不大声讲话。有人说"语言本身就是一种文明"。在小猪佩奇的家里，听猪妈妈说话，不仅是一种文明的表现，简直就是一种悦耳的享受。

试想，如果是你家的"熊孩子"，穿着干净的衣服在泥坑里跳来跳去，衣服变成了泥巴团，然后两个孩子还追逐着冲进屋子，把地板也踩成"花地图"，这种情形下，你的本能反应是什么呢？斥责孩子弄脏了衣服和地板，吓唬他们说以后再也不会给他们买新衣服？顺手在屁股上给他们一巴掌，或是无奈地叹气，抱怨自己怎么会生出这么不懂事的孩子？还是会像猪妈妈一样平声静气地告诉孩子："这样玩衣服上会沾满泥巴，下次记得要穿上你们的雨靴……"猪妈妈这种温和的批评方式反而使孩子们更看重她所说的话。孩子们第二次再去踩泥坑的时候，都会记得穿上雨靴，姐姐甚至会提醒弟弟妹妹们要穿上雨靴，还要求他们进门之前换上干净的鞋子。

对于粗心大意又时常偷懒的猪爸爸，猪妈妈也总是用温和的态度对待他。例如，有一天全家人去超市购物，按照事先列好的购物清单采购完毕后，大家发现购物车里突然多了一份巧克力。孩子们都以为是购物单出现了问题，但聪明的猪妈妈知道这是猪爸爸偷偷为自己加上的，她当时并没有在孩子面前揭穿或责备丈夫，只是风趣地说："也许有人真的很爱吃巧克力。"爸爸不好意思地承认是自己加的，脸上泛起了幸福又羞赧的表情，全家人都被惹得哈哈大笑。猪妈妈的这份好脾气和风趣感，是化解家庭小风波的灵丹妙药。

笨头笨脑的猪爸爸也是难得的好性情，总是用他的宽容和理解有力地支持着孩子们。有一次，猪小弟乔治的恐龙丢了，他大哭着跑回家，猪妈妈问他："怎么了，乔治？"乔治泣不成声地说："恐龙。"在一边看报纸的爸爸猜到了，问他："是不是恐龙先生丢了呀？别担心，也许你可以猜猜它会藏在什么地方。"在爸爸的帮助下，乔治很快在树上找到了恐龙。但是他"好了伤疤忘了痛"，很快又把恐龙扔到了树上，又因为找不到恐龙哭起来。这时，如果你是猪爸爸，你会怎么说呢？

猪爸爸是这样做的，他笑眯眯地说："让恐龙在树林里玩也许并不是一个好主意哦，我们带它去别的地方吧。"暖暖的爱意有没有萌化你呢？这样理想的爸爸妈妈，只存在于虚拟的动画世界里。但是孩子们是那么喜欢他们，在孩子们的心目中也强烈渴望拥有这样的父母。

良好的家庭情绪环境是孩子一生幸福的种子

瑞典教育家爱伦·凯曾经说过，家庭环境对一个人的成长起着非常重要的作用，良好的环境是孩子形成正确思想和优秀人格的基础。而在这所有的环境中，父母的情绪以及由此而产生的家庭情绪环境尤其重要。父母是孩子的情绪教练和情绪模范，是 4 岁孩子建立自信心和自主感的情感基础。妈妈的情绪稳定会给予 4 岁的孩子基本的安全感和信赖感；而爸爸的情绪状态则直接影响孩子"我是谁，我是怎样的一个人"的自我同一性概念的建立。在日常生活中，父母要尽可能地为孩子营造情绪稳定的家庭氛围，使之贯穿于家庭生活的方方面面。例如，家人一起吃饭的时候，应当尽量保持心情愉快，更不要急于狼吞虎咽地吃完。意见发生分歧时，家人应该提醒自己心平气和地与对方讨论，而不是毫无让步地大声争辩。

在营造良好家庭氛围的过程中，首先，父母必须要处理好夫妻之间的情绪表达和语言沟通，用猪爸爸和猪妈妈那样的语言来让孩子"磨耳朵"。如果父母能互敬互爱、和睦相处，善于处理好自己的情绪，表现得愉悦、乐观向上，这不仅能让孩子生活在温馨的家庭氛围中，获得爱和尊重的体验，从而心情愉快，产生主动向上的积极情感；而且也为孩子处理消极情绪提供了榜样，对孩子学习情绪、理解情绪和处理情绪问题能产生潜移默化的影响。孩子乐观性格的形成主要得益于幼年时父母所创造的环境。著名心理学家法迪斯说："在孩子真正掌握语言之前，他们是从家庭的感情氛围中得出自己的结论的，这个世界是一个令人忧虑、愤怒的地方，还是一个安全、愉快的乐园。"可以说，父母愉悦的心情和温暖的话语，是孩子一生幸福的种子。在温和的家庭里成长的孩子，成年后具有乐观向上的性格。

一平方米空间里的"国王"和"王后"

乐乐是个一动起来就很难安静下来的小女孩。在家里，她总是很难静下心来专心地做一件事情。乐乐的父母为此很头疼，他们担心孩子的这种表现就是所谓的"多动症"，不能适应以后小学的课堂要求。一次偶然的机会，乐乐的妈妈去参加幼儿园的家长开放日活动。在那里，她发现乐乐喜欢和几个小朋友在一个用纱幔围起来的小角落里玩娃娃家的游戏。妈妈发现女儿在玩这个游戏的时候非常投入和享受，这让她很受启发。于是回到家里后，她模仿幼儿园的做法，在家里阳台的一个角落里也用很大的一块纱围成一座"小房子"，并在里面铺上了厚厚的垫子，作为乐乐在家玩娃娃家游戏的区域。没想到女儿对这个新建的小角落分外珍惜，把自己喜欢的芭比娃娃、梳妆台、小锅、小碗等一件件地搬进了娃娃家，在里面能够安静地玩很长时间。这让父母喜出望外，没想到一个小小的角落能够给孩子带来如此大的乐趣和改变。乐乐自己也说："我喜欢我的娃娃家。里面太好玩了，还有漂亮的窗帘。我可以在里面睡觉，还可以照顾娃娃们。"

一块不起眼的神秘空间对4岁的孩子来说，犹如是仙境里的魔法城堡。只要身处在那个小小的"隐私角"里，他们就立即变成了童话王国里的"国王"和"王后"。4岁的孩子正处于想象力和好奇心发展的高峰时期，在他们眼里，一块布围起来的空间或一个被专门命名的角落，哪怕只是一个空置的大纸箱，都具有迷人的神秘性。那里隐蔽又安全，似乎更有"家"的感觉，让他们放心地行使自己的权力和意志。如果父母懂得孩子的这种心理，在家里给孩子营造属于他们自己的空间，让孩子能够在自己的世界里尽情地释放情感，这对他们身心的健康发展、角色游戏能力的提高以及自我管理能力的提升等都会起到较大的作用。

许多父母在微信的朋友圈上看到别人给自家的孩子布置的卧室、儿童房，常常自叹不如。其实，这个父母大可不必担心。在家里给孩子设置一个专属空间或"隐私角"，并不需要什么豪华的装饰和设计，只要在比较安静的地方配置一些软软的地垫、有亲和力的玩具等就可以。最重要的是要专门给它们命名，让它们成为孩子独享的空间。例如，可以是读书角、娃娃家，也可以让孩子自己命名，如"糖果屋""神秘船""恐龙基地"等。

如果受居住环境的条件限制，没有多余的地方专门为孩子设计类似的空间，那么父母也应该在某个固定的时间段里，让孩子有使用家中某一固定地方的权利，并且要保证孩子在单独活动时，不受其他因素的干扰。有时候，哪怕只是一个小沙发、小过道，甚至躲在窗帘后或藏在桌子底下，也能让孩子们很满足。丰富的想象力和好奇心促使他们能把一切时空倒转，只要你不去干扰、破坏或嘲笑他们。

有些有条件的家庭也会划分出一个专属孩子的房间，在孩子房间的设计上也很是下功夫。这固然很好，但实际上，对于一个 4 岁的孩子而言，他们需要的仅仅是一个能让他们沉浸其中并适合他们的小空间，并非我们成人理解中的独立的房间和豪华的设计。对于儿童房这件事情，父母们也不必去攀比，没有什么固定的标准，或根据别人的意见装饰自家孩子的房间。4 岁的孩子需要的仅仅是一个能够吸引他待下去的地方，在那里可以自由活动，可以做自己感兴趣的事情。只要孩子能够独立支配自己的小天地，他就会觉得自己是这里的小主人。

Tips

父母们不必为给孩子创设孩子的小天地而攀比或大费周折。4 岁的孩子需要的仅仅是让他们自由活动、独立支配的小天地，让他们成为这里的小主人。这对 4 岁的孩子来说非常重要。

充满力量的游戏环境

让家成为快乐的"游乐场"

对于成长中的 4 岁孩子而言，充满乐趣和互动式的游戏环境是其生活中不可缺少的。游戏是孩子真实生活的反映，是孩子天性和兴趣的集中体现。孩子在一日生活中，如果能生活在一种充满乐趣的游戏环境里，那么连吃饭、睡觉也将会变成富有游戏味的快乐体验，在精神上得到极大满足。游戏环境带给孩子的不仅仅是开心，它还是一种有益的教养方式，游戏是孩子用来探索世界的重要途径。很多父母可能会认为，在家里营造游戏的环境对孩子没有那么重要，但是很多研究发现，充满互动的游戏氛围的家庭，与没有游戏氛围的家庭相比，会对孩子的成长产生非常不同的教育效果。

现在让我们分别走进两个 4 岁小朋友"小 A"和"小 B"的家。

当我们走进小 A 的家时，他正在房间里玩得不亦乐乎，并不时发出很大的声响。走近一看，原来是父子俩正在玩模拟的保龄球游戏。他们在地上放了很多空的矿泉水瓶，将它们摆成三角形，然后拿着一个小皮球顺着地面滚向矿泉水瓶，皮球打倒了其中几个瓶子，孩子兴奋地大叫起来："耶，我赢了，我赢了！"每次在爸爸的故意失利下，小A都能打倒更多的矿泉水瓶，并且精确地报出他比爸爸多打倒的瓶子数量。

当我们走进小B的家时，房间里比较安静。小B一个人靠在沙发上拿着平板电脑在看动画片，爸爸坐在他的旁边专注地看着手机微信，小B看到精彩处会向爸爸发出一种喜悦和分享的邀请信号，但是爸爸依旧低着头沉浸在自己的微信世界里，应付式地回应着。小B许多想要分享和表达的欲望就这样被爸爸的冷漠抵挡回去，更不用说父子俩在眼神、手势和语言上的尊重与回应了。看到爸爸如同石膏般的无表情、无温度的脸，久而久之，小B将会习惯于在自己的世界里独自沉醉。

不做"石雕人"父母

家中是否具有语言互动和情感交流的游戏环境，对孩子的影响明显而又深刻。心理学中有个著名的实验，是由美国的发展心理学家爱德华·特罗尼克（Edward Tronick）在1970年设计的。为了验证在家庭环境中，亲子之间充满语言的交流及表情互动的重要性，研究者要求参加实验的妈妈们在最初与孩子进行充满热情与力量的语言互动及情绪鼓励，这时孩子们表现出一种喜悦积极的态度。但是随后妈妈们被要求摆出一副石膏像脸，无论孩子如何试图引起妈妈的注意，她们都不能给予任何回应，就像冰冷的机器人。在多次尝试努力后，孩子们变得焦躁不安，并开始以哭闹的方式引起妈妈们的注意，几近崩溃。直到妈妈们恢复常态，孩子们才如释重负，情绪终于放松平静下来。

如同我们上面提到的那两个家庭，在小 A 的家里，充满了轻松互动的游戏环境，爸爸和孩子能够一起互动玩耍，并及时地给予孩子鼓励和肯定，让孩子时刻体验"我能赢"的喜悦。但是在小 B 的家里，爸爸好比是一尊石刻的"雕像"，不能及时对孩子的需求和发出的信息给予回应，类似这样的无回应、不互动，势必对孩子的心理和情感发展带来很大的不利影响。

还有研究者专门研究了在家里经常玩手机的父母们对孩子情感及智力发育的负面作用。研究发现，如果父母在孩子面前频繁地用手机发送信息或查收邮件，那么他们在一天之内与孩子互动的机会就会大大减少，与孩子互动说出的词汇量会降低 20%，非语言互动减少 39%。也就是说，在充满互动及游戏环境中成长的孩子，在语言能力、认知发展方面，会比在缺少互动和游戏环境家庭中成长的孩子占据优势。

父母在家中如果成为被手机或电脑等绑架的"石雕人"，在这样的环境中，孩子也会成为父母的模仿者。在我国，2014 年 12 月，有人专门研究了北京市 536 个 3 ～ 6 岁孩子在家活动的情况。结果发现，有 46.2% 的孩子每天看电视的平均时间为 41.8 分钟；而使用手机、平板

Tips

在孩子最需要语言互动和游戏乐趣的年龄阶段，让家庭生活回归单纯，减少电子产品对于家庭活动及环境的侵占，将成为需要每个父母高度重视的事情。

电脑等新兴媒体的时间约为58.56分钟。在对手机和平板电脑的使用中，玩游戏的占69.1%，看视频的占62.6%，用平板电脑阅读的只有15.6%。此外，这项研究还发现，孩子使用电子设备的习惯较差，有超过一半的孩子喜欢同时操作多种设备，绝大多数的孩子在玩耍和阅读时，注意力容易被电视和平板电脑吸引走。

父母随笔

第 *4* 章
给孩子最美的家教

家教是每个家庭看不见的教育资源，是家庭作为独特的存在对孩子进行的文化熏陶、规矩学习、习惯养成等。家教是孩子生命之树的根基。

全家人一起吃饭

在法国有一种叫玛德琳蛋糕的甜点，本来是寻常人家餐桌上极其普通的小食品，后来却像牛顿的苹果或瓦特的蒸汽机一般，在许多人心中成为具有标志性意义的食物。法国大文豪普鲁斯特一次在吃到这种甜点时，舌尖瞬间的滋味勾起了他心头对于童年的所有回忆，于是便有了后来那部闻名于世的《追忆似水年华》。

为什么一块小小的玛德琳蛋糕，能够催生出世界文学史上的一位巨人和一部经典的著作？原因就在于它承载了作家童年最美好的记忆和最幸福的时光。在对这种小甜点的回味与感动中，童年家庭生活的画面跃然纸上，把作家拉回到了那个再也回不去的似水年华。在作家的回忆里，一家人在温馨的乡下生活，每天围坐桌边谈笑风生，妈妈制作的各种小食品，都是他无比喜悦的灵感来源，那是父母馈赠给他的最宝贵的精神财富。

其实，每个人的童年都有一款"玛德琳"神奇蛋糕，童年味道的背后不仅是对一种食物的记忆，更是对家人温情时光的留恋。食物是人与人之间的精神交流和情感传递的纽带。每天和家人能坐在一起吃饭，是世界上最美好的事情。

家人围坐在一起分享食物、互相聊天的氛围，能给孩子与父母共处的真实机会。它为每个人提供了精神支柱和依靠，用非语言的形式强调了家庭的重要性。提醒着孩子，家就是这里，自己是家里重要的一员。

但是如今，能够每天全家人围坐在一起吃饭，对于很多家庭来说，已经变成了一件奢侈品，孩子很难享受到每天品尝着妈妈亲手做的饭菜，和全家人一起慢慢吃、慢慢聊、慢慢回味的生活了。饭桌是一家人最明显的标志，家常菜的独特风味儿，碗筷的摆放讲究，座位的安排，甚至某种独特的吃法，都是在以非语言的形式告诉孩子：我的家是什么样的。

另外，全家人吃饭时一起谈论的话题，互相使用的语气，以及传递的各种信息，都是父母一点点把家庭的价值观、是非观传递给孩子的最佳途径。全家人围坐在一起吃饭，更是家人互相表达爱意和感激的重要时刻：妈妈把对家人的爱调制成各种美味，盛递给每个人；爸爸为了感谢妈妈，吃完饭主动收拾碗筷。这些细节孩子看在眼里，都会变成幸福的滋味回旋在心里，收获感恩的力量。

和孩子一起做家务

我国著名教育家陈鹤琴先生曾说过，"做母亲的最好只有一只手"。言外之意是，父母要舍得在家里让孩子参与劳动，让他们有机会和父母一起做家务。

不要剥夺 4 岁孩子做家务的机会

虽然这个阶段的孩子已经发展出自己做事的主动性，但是要让他们按要求、有规律地持续做一件事情，确实不容易。时间一长，他们会对父母的要求表现出不耐烦和反抗的情绪。许多父母觉得与其麻烦，不如自己先帮孩子们做了，越俎代庖。孩子会自己吃饭了，做妈妈的却给孩子喂饭；孩子自己会洗漱了，做妈妈的还是全盘代劳；孩子会自己扣扣子了，做妈妈的也要替他们扣……关于孩子一切的饮食起居，虽然孩子自己能够做了，父母们还是不自觉地替他们做了，更不用说做家务了。这是父母们用自己多出来的"一只手"夺去了孩子自己做事的机会。

4 岁孩子做家务不是必须，但是必要

教育家苏霍姆林斯基说过，"劳动是最伟大的美"。对于小孩子来说，参加适当的家务劳动，不仅能使他们掌握一定的知识和劳动技巧，不仅是对他们进行道德教育，而且能提供给孩子一个与家人、与生活更深沟通的途径。做家务能激发孩子的道德的、智能的和审美的情感。父母应让孩子从小通过参与家务意识到，自己是家庭的一分子，理应为这个家庭承担责任。孩子在参与家务活动中能培养独立生活的能力，从小学会自立和自理。家务虽小，譬如洗碗、整理衣服、倒垃圾等，能长期坚持下来就能锻炼孩子的毅力，这对他们今后的人生意义非凡。

让 4 岁孩子做家务，成人的示范和带领很重要

很多时候，与其说是要锻炼孩子自己做家务，不如说是要父母带着他们做，体会做家务带来的乐趣和成就感。朱熹家训中讲："黎明即起，洒扫庭除。"父母要在日常的生活中把家务活儿做出一种生活味儿，让孩子在耳濡目染中知道，干家务像吃饭、喝水、呼吸空气一样，是平常

但又必不可少的事情。试想，在一个家庭中，如果时常回响着锅碗瓢盆互相碰撞的声音，空气中弥漫着油盐酱醋的香味，父母总是在一边干家务一边聊天的氛围里打理着家里的一切，生活在他们身边的孩子从小将感受到家的温暖与和谐。作为厨房中妈妈的忠实观众，孩子或许很早就知道了如何打鸡蛋，如何清洗绿叶菜，如何把面粉和成面团，甚至很早的时候，他就已经学会了把面皮捏成饺子、面饼烤成比萨……作为好奇的观察者和模仿者，他觉得这一切都充满着喜悦和乐趣。

温馨贴士

有意识地带孩子做家务，是父母送给孩子最好的家教

要提醒父母的一点是，在培养孩子参与家务劳动方面，父母切不可过于严肃，要求过高。在 4 岁孩子的眼里，生活就是游戏，游戏就是生活，所以学习做家务也是一种游戏，父母应尽可能使孩子在做家务时愉快些，有趣些。可以和孩子共同发明一些专有名称，作为做家务的秘密"暗号"。例如，回收脏衣服的篮子被命名为"大嘴熊"，提醒孩子要把脏衣服喂到它的嘴里；饭后擦饭桌"行动"被称为"给桌大叔刮胡子"，让孩子拿着抹布清理桌面残留物；吃完饭清洗碗碟被称为"碗碟泡温泉"，等等。只要父母用心，孩子们在欢笑声笑语中就会爱上和家人一起做家务。

父母随笔

第四部分

走进 4 岁孩子的世界

4岁是建立儿童行为准备机制的人生阶段。从孩子4岁开始,家长就要做好让孩子走出家庭,逐步迈向社会的准备,直至正式成为一个走向社会的人……父母必须扩大孩子的社交范围,走出家庭,让孩子与更多的伙伴和更多的成年人接触,以创造一种自由、丰富的社交生活。

第 1 章

带孩子走出家门

孩子作为人类生命中最弱小的存在，成功的养育需要更多的社会力量，这其中不仅包括家庭，更包括幼儿园、学校，以及有力量的成人个体或机构。只有这样，孩子的社会能力才能得以实现。

理想的家庭必须扩大

有意识地带孩子走出家门

黎巴嫩诗人纪伯伦有一首大家耳熟能详的诗——《论孩子》，诗中有他对许多父母语重心长的忠告。

你的孩子，其实不是你的孩子，
他们是生命对于自身渴望而诞生的孩子。
他们通过你来到这世界，却非因你而来，
他们在你身边，却并不属于你。

你可以给予他们的是你的爱，却不是你的想法，

因为他们自己有自己的思想。

你可以庇护的是他们的身体，却不是他们的灵魂，

因为他们的灵魂属于明天，属于你做梦也无法达到的明天。

你可以拼尽全力，变得像他们一样，

却不要让他们变得和你一样，

因为生命不会后退，也不在过去停留。

你是弓，儿女是从你那里射出的箭。

弓箭手望着未来之路上的箭靶，

他用尽力气将你拉开，使他的箭射得又快又远。

怀着快乐的心情，在弓箭手的手里弯曲吧，

因为他爱一路飞翔的箭，也爱无比稳定的弓。

孩子从一出生便生活在父母的爱心庇护下，生活在家庭温暖的巢穴中，孩子是激发父母庇护本能的天然荷尔蒙，无时无刻不激发父母保护自己的孩子、成全自己的孩子的热情。但是正如纪伯伦诗句所写，"你可以庇护的是他们的身体，却不是他们的灵魂，因为他们的灵魂属于明天，属于你做梦也无法达到的明天"。孩子借着父母而来，最终要奔赴那无限可能的未来。为了保证他们通畅地走向未来，仅凭父母一己之力或者家庭的力量，是很难做到的。所以要尽早带他们走出家门。

借助社会力量养育孩子

非洲有句谚语："养育一个孩子需举全村之力。"这里的"全村"显然是一个内涵丰富的概念，借用到今天，就是全社区、全社会的意思。孩子作为人类生命中最弱小的存在，需要更多的有力量的成人去保护和教育。每一个家庭作为社会最小的细胞，像大海里的一颗水滴，需要与外部的社会同气共息，借助大环境的力量来养育孩子。

杜威说，"理想的家庭必须扩大，必须让儿童与更多的成年人和更多的儿童接触，以创造一个最自由、最丰富的社会生活。此外，家庭中的工作和人际关系不是为儿童的生长而经过专门选择的；主要的目的不在这里，儿童从中能获得的东西是偶然的。因此才需要学校。在这种学校里，儿童的生活成了压倒一切的目标。促进儿童生长所需的一切媒介都集中在那里"（杜威著，《民主主义与教育》，人民教育出版社，2001 年版）。若要给孩子"一个整体、一种总体性的生活"，父母要有意识地、主动地带孩子走出家门，尽可能地利用一切社会资源来共同养育孩子，让孩子的社会能力得到尽早地发展。所以，现代父母要从观念上更新自己的育儿理念，从行动上扩大自己的育儿范围，让孩子如同诗中的那支"箭"被你这位"弓箭手"射得又稳又远。

"哈洛的猴子"带给我们什么启示？

同伴交往是 4 岁孩子社交的重要内容

孩子在幼儿园期间，特别是到了中班以后，会表现出越来越明显的同伴取向。换言之，他们越来越喜欢和家庭之外的同伴一起玩耍，在与同伴玩耍的过程中逐渐发展起自己的社会交往和适应能力。在儿童发展心理学中有一个经典实验，用来考察学龄前儿童在交往过程中社会复杂性的发展变化。研究者跟踪观察了幼儿园中 2～4 岁不同年龄阶段的孩子在自由游戏中的行为，得出的结论是：学龄前的孩子，其社会交往的复杂性随着年龄的增长逐步提高，具体结果如下。

2 岁左右，孩子在一起大多是各玩各的，很少交流，也不想去影响别人。除了在成人的组织下能玩一些简单的游戏，大多数时候都是互不关心彼此的平行线。研究者将这一阶段称之为"平行游戏阶段"。

3 岁左右，孩子会扮演一些互补性的想象角色或"假装角色"，如玩娃娃家游戏。但是对于这些角色的意义或者游戏以什么方式进行，他们并没有清楚的意识，因而也就不会进行讨论和计划，只是简单地临时性地联合在一起而已。研究者称之为"合作性社会假装游戏阶段"。

到了4岁，孩子就能够主动地计划他们的假装游戏。例如，他们会给玩的角色命名，并给每个参与游戏的同伴分派任务，甚至因为游戏而争吵。事先计划游戏的规则，如果游戏进行不下去，他们会停下来商量。研究者称之为"复杂社会假装游戏阶段"。

"父母之爱子，则为之计深远。"孩子长到4岁后，如果还是被父母搂在怀里，不舍放开，缺少与家庭之外的其他人，特别是同伴之间的交往，那么这对孩子未来的发展将会造成很大的影响和障碍。

Tips

对于4岁的孩子而言，同伴交往可以促进社会交往能力和适应能力的发展，这些能力仅凭完美的亲子关系是不易获得的。

心理学实验的重要启示

为了考察同伴交往对于年幼孩子的重要性，美国心理学家哈洛（Harry F. Harlow）及其同事设计了一项实验。研究者把恒河猴的幼猴和猴妈妈放在一起饲养，但是不给这些幼猴任何与同伴交往的机会，这些幼猴只能终日和妈妈在一起。久而久之，这些"只有妈妈"的幼猴不能形成正常的社会行为模式。后来研究者把它们放到同龄的猴群中时，这些被剥夺了同伴的幼猴往往会躲避猴群，不知如何与妈妈之外的同伴交流。更有甚者，在接近同伴的时候，这些幼猴表现出很高的攻击性，如大叫、撕咬等行为。它们的反社会倾向通常会持续到成年阶段。

哈洛的经典实验

哈洛和他的同事们把刚出生的幼猴放进一个隔离的笼子中养育，并用两个假猴子替代真母猴。这两个代母猴分别是用铁丝和绒布做的，实验者在"铁丝母猴"胸前特别安置了一个可以提供奶水的橡皮奶头。按哈洛的说法就是，"一个是柔软、温暖的母亲；一个是有着无限耐心、可以24小时提供奶水的母亲"。刚开始，幼猴多围着"铁丝母猴"，但没过几天，令人惊讶的事情就发生了：幼猴只在饥饿的时候才到"铁丝母猴"那里喝几口奶水，其他更多的时候都是与"绒布母猴"待在一起；幼猴在遭到不熟悉的物体，如一只木制的大蜘蛛的威胁时，会跑到"绒布母猴"身边并紧紧抱住它，似乎"绒布母猴"会给幼猴更多的安全感。

后来，又有一位心理学家再次验证了哈洛的实验，她就是《教养的迷思》一书的作者茱蒂·哈里斯（Judith R.Harris）。哈里斯认为，孩子与同伙共享的世界是塑造他们日后行为和性格的关键所在，是同伙力量及环境决定了他们以后是什么样的人，而不是他的父母或家庭环境。哈里斯极度强调家庭之外的环境对孩子发展的重要性，通过大量的实验告诉父母，孩子的社会化及人格塑造的过程是在家庭以外的经验中，即他们与同伴共处的环境中完成的，父母一定要适时松开手，让孩子大胆走出家门，走向家门外的社会去。

然而，在孩子年龄尚小的时候，放手让他们走出家门去发展社会能力，并不意味着让你放弃父母和家庭的责任。在后来的实验中，哈洛又把恒河猴幼猴与它们的妈妈分开饲养，让它们与同伴在一起。结果发现，这些"只有同伴"的幼猴通常会紧紧地拥抱在一起，形成了很强的双向依恋。但是，它们的社会性发展在某种程度上还是不正常，容易被小的压力或挫折激怒。长大以后，它们对于自己群体之外的其他猴子也表现出很强的攻击性。

研究者也逐步将这类研究的重点集中到人类身上。1951 年，安娜·弗洛伊德（Anna Freud）和索菲丹报告了一例令人吃惊的人类案例，其结果与哈洛的恒河猴实验极其相似。1945 年夏天，研究者在纳粹集中营发现了 6 个 3 岁的孤儿，他们从出生就没有父母的陪伴和养育，彼此相依为命，存活下来。当战争结束后，这几个孤儿被营救出来，并送往英格兰的一家特殊治疗中心，人们期望在专业人员的帮助下，让他们恢复正常的生活。

但是，与哈洛实验中的"只有同伴"的幼猴一样，这些只有同伴的孩子难以接受外界的影响和治疗。开始时，他们几乎破坏了所有的玩

Tips

这些研究启发我们，为了让孩子更快更好地适应外部环境，建立交往关系，父母应给予他们更安全和更牢靠的情感支持。同时，为了让孩子更独立、更自信地发展，父母也要适时放手，让孩子离开自己的庇护，尽早发展社会能力。

具，毁坏了所有的家具，还对治疗中心的工作人员非常敌视并进行攻击。与"哈洛的猴子"一样，他们喜欢紧紧抱在一起，当他们被分开的时候，哪怕一小会儿，他们也会被激怒。

哈洛的"恒河猴"研究和安娜·弗洛伊德对 6 名孤儿的观察均表明：父母（家庭）和同伴（家庭之外的社会）对儿童（或猴子）的社会性发展都起着重要的作用，但这两者的作用是不同的、独特的、不可替换的。同样，对于一个 4 岁的孩子来说，"向外"的冲动使他们开始向往走出家门，与更多的人和事接触；但父母的爱，即来自家庭内部的关系，是他们勇敢走向社会的最初动力。孩子在家庭内部建立的关系及情感体验会影响他们在家庭外的交往情况。一般而言，与父母建立起安全型依恋的孩子通常会更外向，更可能成为具有吸引力的玩伴，发展社会交往也更顺畅。

4 岁孩子的社会性发展重点

人际交往和社会适应是 4 岁孩子社会性发展的主要内容

4 岁的孩子，在社会领域的学习与发展是其社会性不断完善并建立健全人格的过程。人际交往和社会适应是 4 岁孩子的社会学习的主要内容，也是其社会性发展的基本途径。孩子在成人的引导和帮助下，要尽早地学会与成人和同伴交往，并适应不同的环境。在此过程中学习如何与人友好相处，也在学习如何看待自己、对待他人，进而不断发展适应社会生活的能力。根据教育部《3—6 岁儿童学习与发展指南》在社会领域的目标所列出的清单，4 岁孩子的社会性发展的重点表现如下（见表）。

表 4：　4～5 岁儿童"社会交往"的目标清单

目标名称	具体内容
愿意与人交往	○ 喜欢和小朋友一起游戏，有经常一起玩的小伙伴 ○ 喜欢和长辈交谈，有事愿意告诉家长
能与同伴友好相处	● 会运用介绍自己、交换玩具等简单技巧加入同伴游戏 ● 对大家都喜欢的东西能轮流、分享 ● 与同伴发生冲突时，能在他人帮助下和平解决
具有自尊、自信、自主的表现	○ 能按自己的想法进行游戏或其他活动 ○ 知道自己的一些优点和长处，并对此感到满意 ○ 自己的事情尽量自己做，不愿意依赖别人 ○ 敢于尝试有一定难度的活动和任务
能够关心和尊重他人	● 会用礼貌的方式向长辈表达自己的要求和想法 ● 能注意到别人的情绪，并有关心、体贴的表现 ● 知道父母的职业，能够体会父母养育自己所付出的辛劳

注：本表改编自教育部 2012 年 10 月颁布的《3—6 岁儿童学习与发展指南》。

游戏是 4 岁孩子社会性发展的基本途径

4 岁孩子的社会性主要是在日常生活和游戏中，通过观察和模仿他人潜移默化地发展起来的。父母要帮助孩子发展对他人、对外部环境的兴趣，就要主动亲近和关心孩子，经常和他们一起游戏或活动，让孩子感受到与成人交往的快乐，从而建立亲密的亲子关系。同时也要为他们创造与外界交往的机会，让孩子体会与人交往的乐趣。比如，利用走亲戚、到朋友家做客或有客人来访的契机，鼓励孩子与他人多接触和交谈。鼓励孩子参加小朋友的游戏，邀请小朋友到家里玩，让孩子感受好朋友在一起玩的快乐。当孩子在社会交往过程中遇到困难时，父母要及时给予引导和帮助。例如，当孩子不知如何加入同伴游戏，或提出的请求不被接受时，应建议孩子拿出玩具邀请大家一起玩，或者假扮某个角色加入同伴的游戏；当孩子与同伴发生矛盾或冲突时，应指导他们尝试用协商、交换、轮流玩、合作等方式解决冲突。平时可以多利用相关的图书、故事，并结合孩子的交往经验，和他们讨论哪些行为受大家欢迎，想要得到别人的接纳时应该怎样做。

有研究者通过对千名孩子的追踪评估发现，那些在小时候与同伴玩得越多，在人际交往方面越具有优势的孩子，成年后表现出的自我责任意识就会越强，人生态度就会越积极。当遇到挫折时，他们更不容易发脾气，表现出更少的攻击性，并且也更关心他人，更愿意分享和轮流，更能交到朋友。孩子需要在孩子们的群体中长大，而父母最需要做的，就是有意识地多带孩子走出家门，为孩子创造与他人交往的机会。

表5：4～5岁儿童"社会适应"的目标清单

目标名称	具体内容
喜欢并适应群体生活	○ 愿意并主动参加群体活动 ○ 愿意与家长一起参加社区的一切群体活动
遵守基本的行为规范	● 感受规则的意义，并能基本遵守规则 ● 不私自拿不属于自己的东西 ● 知道说谎是不对的 ● 知道接受了的任务要努力完成 ● 在提醒下，能节约粮食、水电等
具有初步的归属感	○ 喜欢自己所在的幼儿园和班级，积极参加集体活动 ○ 能说出自己家所在地的省、市、县（区）的名称，知道当地有代表性的物产或景观 ○ 知道自己是中国人 ○ 奏国歌、升国旗时能自动站好

注：本表改编自教育部 2012 年 10 月颁布的《3－6 岁儿童学习与发展指南》。

知识拓展

社会性培养的内容

　　社会适应能力的培养是对社会认知、社会情感及社会行为技能培养的有机结合。社会认知是指个体对社会中的人、社会环境、社会规范等方面的认识。社会情感是个体在社会生活、社会交往中表现的基本情感，如自尊感、同情心、羞愧感、是非感、爱憎感等。社会行为技能主要是指对个体进行的一些社会规则意识的培养。

4岁关键期的关键帮助

　　4岁是建立规则意识的关键期。在这个时期，帮助孩子对群体生活产生兴趣，在初步的社会生活中学会遵守基本的行为规范，养成良好的行为习惯，这些都与孩子在今后人生中体验的幸福密切相关。让孩子在这一时期学会适应群体生活，懂得遵守一定的行为规范，有助于他们尽早地从"以自己为中心"的世界中走出来，学会理解他人，学会控制情绪。皮亚杰曾指出，"一般的同伴交往和具体的同伴冲突是儿童发展社交转换能力的必要条件，是儿童摆脱以自我为中心的前提"。这些都是孩子日后"学会认知、学会做事、学会共同生活、学会生存"（联合国教科文组织提出的培养新一代所需具备的 4 项基本能力）的关键前提。

如何增强 4 岁孩子的社会适应能力

为增强孩子的社会适应能力，父母应努力做到以下几点。

第一，要经常和孩子参加一些群体性的活动，让孩子体验群体活动的乐趣。例如，参加亲戚、朋友和同事间的聚会，以及适合孩子参加的社区活动等。支持孩子和不同群体的同伴一起游戏，丰富其群体活动的经验。

第二，父母应遵守社会行为规则，为孩子树立良好的榜样。例如，答应孩子的事情一定要做到，尊老爱幼，爱护公共环境，节约水电等。

第三，父母应结合社会生活实际，帮助孩子了解基本的行为规则或游戏规则，体会规则的重要性，学会自觉遵守规则。例如，父母经常和孩子玩带有规则的游戏，遵守共同约定的游戏规则；利用实际生活情境和图书故事，向孩子介绍一些必要的社会行为规则，以及遵守这些规则的原因。

第四，运用孩子喜闻乐见和易于理解的方式激发孩子爱家乡、爱祖国的情感。例如，和孩子一起说一说或在地图上找一找自己的家所在的省、市、县（区）的名称；多带孩子外出游玩；和孩子一起收集有关家乡和祖国各地的风景名胜、著名建筑、独特物产的图片，在观看和欣赏的过程中激发他们的自豪感和热爱之情。利用电视节目或参加升旗等活动，向孩子介绍国旗、国歌，以及观看升旗礼仪；向孩子介绍反映中国人智慧的发明和创造，激发孩子的民族自豪感。

培养孩子的社会性父母需注意的几点

父母是孩子社会能力发展的首要参照

作家梁晓声讲过一段经历：有一次，他跟两位老作家一同坐车去郊区。那天刮着风，不时有雨滴飘落，路又很窄，前面有一辆旅行车，车轮碾起的尘土扑向他们的车窗，车窗被弄得很脏，他问司机："能超过去吗？"司机说："在这样的路上超车是不礼貌的。"正说着，前面的车在路边停下，下来一位先生，先对后车的司机说了点什么，然后让他们先过。后来梁晓声问司机："那位先生刚才跟你说什么了？"司机转述了他的话："一路上，我们的车始终在前面，这不公平！车上还有我的两个女儿，我不能让她们觉得这是理所当然的。"

梁晓声之所以对这段经历记忆深刻，就在于那位年轻的父亲对孩子的教育不只是停留在口头说教，而是深入到了生活的实际与细节中。一个人的社会交往和社会适应能力，或者称为"交往素养"，往往就体现在一个人在处理"个人利益"和"他人利益"之间的关系上。如果父母在孩子年幼时，能够像这位年轻的父亲一样，用实际的行动影响孩子，而不只是用说教告诉孩子，那么孩子一定会成为和父母一样的人。

父母想让孩子成为什么样的人，自己首先要成为那样的人。例如，父母要求孩子能够为他人着想，自己做事却只顾着自己；父母要求孩子见人要有礼貌，自己却从不主动向人问好……孩子的表现其实大部分都是对父母生活的复制和翻版，是他们模仿和学习的首要版本。

Tips

父母的行为直接影响着孩子，孩子的言行通常都折射出父母的日常行为。

4岁的孩子是天生的模仿学习者，需要从父母身上学习最初接触社会的所有行为标准和技能。由于受自身发展水平，特别是认识发展水平的限制，4岁的孩子难以客观成熟地判断"好与坏""是与非""对与错"，并以此来决定自己的行为。在最初的社会性发展方面，孩子往往是根据生活中"重要他人"（这个"重要他人"在绝大多数情况下就是父母）的言行来形成自己的准则的。

例如，在邻里相处时，你总能友好地向邻居问好，有困难时会真诚地求助于邻居，得到邻居的帮助后会及时感谢，即使邻里间发生了小矛盾，你也会用礼貌的方式进行沟通和解决。你不曾有一句教导孩子人与人之间相处的道理，但就是在你这样做的时候，他就站在你的身边，听到了你的话，看到了你眼里的真诚，在对待他人的时候，也表现出和你一样的行为。

父母的言行就像一面镜子，传递给孩子家庭的底色和精神，更传递给孩子你最初待人接物的原则与方法，父母在生活中点点滴滴的榜样作用，对孩子社会能力的发展是一种看不见的魔法语言。那么，孩子是如何在父母身上进行模仿和学习，并逐渐塑造他自己的呢？有人曾就这个问题求教美国儿童教育专家多萝西·劳·诺特："孩子从父母身上到底能学到什么？"她用一首短诗做了如下回答：

如果父母总是贬低孩子，他（她）也会总是贬低别人；

尖酸刻薄家庭长大的孩子，也会尖酸刻薄地对待他人；

在忐忑不安的环境下长大的孩子，将来就会有一颗总是忐忑不安的心；

父母如果总是对孩子说"可怜的孩子"，他（她）就变成一个自卑的孩子；

如果总是将孩子当傻瓜以为他什么也不懂，你就培养了一个毫无主见、畏首畏尾的孩子；

做父母的若总是羡慕别人，孩子也会跟着总是羡慕别人；

孩子若总是受到父母训斥，孩子就会认为自己是个"坏孩子"；

孩子总是得到鼓励，孩子将会成长为一个自信的人；

对孩子怀有博大的心，孩子就不会成长为小心眼的人；

父母赞美孩子，孩子就会成长为明快的赞美别人的人；

给予孩子爱，孩子也会懂得如何爱他人；

肯定孩子，孩子就会懂得热爱自己和肯定别人；

重视孩子，孩子就会成为努力的人；

教会孩子分享，孩子就会学习关怀与体谅；

父母是正直的，孩子就会明白正直的重要；

公平地对待孩子，孩子就是成长为有正义感的人；

给予孩子亲切与关怀，孩子就会成长为一个温和的人；

给予孩子守护的力量，孩子就会成长为坚强的人；

在其乐融融的家庭长大，孩子看到的世界就全是美好与善良。

心理学家艾里克森认为，父母对孩子的态度为孩子对社会的态度奠定了基础，父母的教养方式对孩子的社会性发展起着尤为重要的作用，父母必须高度重视对孩子社会性发展的引导，为今后孩子的健康成长奠定基础。

父母要乐于做孩子社会性发展的代理人和监护者

必须提醒父母们一个事实：不是所有孩子的社会性发展水平和内容都是同步且同样的。有些孩子天生就比其他孩子活泼外向，乐于交往，并且在交往过程中能轻松解决冲突；有一些孩子则不爱交往或不善于交往，在与他人的交往中容易出现退缩，或者表现出攻击性行为。家庭是 4 岁孩子最重要的人际交往环境，父母可以通过有意识的早期影响来促进孩子的社会性发展，做孩子社会化发展的代理人、监护人和教练员，架起孩子与他人和社会的桥梁。

父母要有意识地为孩子安排和选择进行同伴互动的环境。如果父母选择住在一个有公园、操场、公共活动场地和很多孩子的社区，那么孩子就有充足的机会与同伴交往。因此，孩子与同伴及社会的交往，很大程度上要取决于父母：

是否承担了孩子社会交往的"预约代理人"？

是否主动帮助孩子安排同伴间的见面与拜访？

是否鼓励孩子参加一些专门为孩子举办的活动？

是否经常邀请小朋友来家里做客？

父母要成为孩子社会交往的监护者和教练员。对于 4 岁的孩子而言，父母除了要承担孩子与同伴（外界社会）交往的发起者之外，还要通过作为养育者、权威者、教育者的行为间接地影响孩子的社会交往质量。

父母是否就孩子在交往中出现的问题进行细心的观察？

当孩子出现交往困难和障碍的时候，父母是否给予辅助和指导？

　　亲子之间是否能够经常平静地与孩子讨论基本的社交礼仪，父母教孩子采用友好的方式发起和维持社会交往？

　　在孩子的社会交往中，父母是否认为孩子的社交技能差而轻易打断孩子的游戏活动？

　　在促进 4 岁孩子的社交能力发展方面，重要的不是父母发起和监控孩子交往的数量，而是质量。如果在发生交往冲突的时候，父母总是以正向的亲社会策略来帮助孩子解决冲突，或者建议孩子在不打扰他人的情况下提出自己的要求。如果父母的教导是积极的、支持的、乐观的，孩子就可能会形成一种亲社会的交往行为，在同伴关系中成为受欢迎的人。相反，如果父母容易生气、发怒，经常呵斥或命令孩子应该怎么做，就会招致孩子的消极反应，导致的结果就是孩子继续表现出笨拙的社交技能和冲突不断的交往特征。父母的管教方式对 4 岁孩子的社会性发展有独特的、不可替代的作用。

父母对 4 岁孩子的社会能力发展要求不能太高

　　父母要重视 4 岁孩子的社会能力发展，但又不能对孩子的行为要求过高。一般来说，4 岁的孩子都有与人交往的愿望，但往往由于交往的方式和方法不当，会使交往无法继续，甚至出现争吵、打架等不良行为。父母在一开始不能拿成人社会的标准要求孩子，更不能因为孩子无法表现出自己期待的样子就斥责和惩罚孩子，挫伤孩子交往的积极性。4岁孩子的世界不同于成人世界，尚处于一种"魔幻思维"的境界，当4岁的孩子尝试进入一种场景，或者加入其他孩子的游戏，或者主动发起一场游戏时，总是会有自己特有的方式。

父母要正视每个孩子独有的气质秉性，不能用统一的标准和理想的模式要求他们。有的孩子天生外向活泼，能积极地与外部环境进行沟通和联系，但有些孩子相对比较内向谨慎，在与外界沟通和发生联系时会显得被动。父母要对自己孩子的交往特点有客观的认识，不能拿别人家孩子的行为来比较自己的孩子，更不能拿自己期望的标准来要求孩子。有一位妈妈抱怨说："我的女儿平常在家时很活泼，跟我们什么都说。只是一见陌生人就胆怯退缩，不敢说话，躲在角落里。在幼儿园也从来不主动与同学说话，也不与同学玩。老师让她回答问题时，她说话声音低得像蚊子一样。我如何才能让她也变得和其他孩子一样大胆活泼呢？"孩子在4岁左右出现不敢交往的情况比较多，因为这时他们正处于想交往又不会交往的阶段。孩子之所以在交往中表现出不恰当的交往行为，往往是因为缺乏相应的技能。父母要做的不是观察和评价孩子，而是积极教给孩子交往的技能，平时要多带孩子进行交往，比如到邻居家串门，与朋友一起带着孩子外出游玩等。

爸爸对于孩子社会性发展的意义重大

"缺失的父爱"是人们在家庭教育讨论中频频提及的话题，也是近年来社会对父亲角色的强烈呼唤。对于家庭教育中父亲角色的缺失，有研究者甚至指出，父亲是儿童发展中"被遗忘的奉献者"，但是在孩子的社会性和人格发展中，父亲角色发挥着举足轻重的作用。

父亲在孩子社会性发展中的作用被忽视或低估的重要原因，是他们花在孩子身上的时间和精力要比母亲少得多。在抚养孩子的过程中，母亲更多地抱孩子、抚慰孩子、与孩子说话、做游戏，较多地满足孩子的生理需要。父亲则更多地提供游戏性的生理刺激，经常发起不寻常的、意想不到的游戏来逗孩子开心。父亲是孩子情绪安全性和其他社会能力的有力促进者，正如心理学家格尔迪所说："父亲的出现是一种独特的存在，对培养孩子有一种特别的力量。"

对父亲形成安全型依恋的孩子，往往能够表现出较好的情绪自我调节能力，以及较强的同伴交往能力，在社会交往过程中出现的问题较少。为了验证父亲角色与孩子情绪安全及社会能力的关系，1981 年，玛丽·曼因和多娜·韦斯顿采用陌生情景技术测量了 44 个学龄前儿童对母亲和父亲的依恋特征。

学龄前儿童与父母依恋的实验

在实验中，她们让在前期实验中分别测出"对父母都形成安全依恋""对母亲形成安全依恋""对爸爸形成安全依恋""对父母都不安全依恋"的四类孩子，逐个地在实验室里见一个小丑打扮、态度友好的陌生人，小丑先花几分钟时间尝试和孩子们玩耍，然后在房间里转来转去，最后，门口一个人叫小丑出去，小丑假装哭。小丑离开后，实验者对孩子进行观察，然后评价孩子：

第一，是否愿意跟小丑建立积极的关系（如果害怕和哭就得低分）。

第二，情绪冲突表现（表现出情绪困扰，比如出现情绪紧张、焦虑、退缩等）。

结果发现，与父母两个人都形成安全型依恋关系的孩子是最具社会反应性的一组。与父母中至少一人形成安全型依恋的孩子，比与父母都未形成安全型依恋的孩子，对小丑的态度更友好，情绪困扰也较轻。

后来进一步的研究表明，与"只对父母中一人形成安全型依恋的"孩子相比，"对父母都形成安全型依恋的"孩子焦虑和社交退缩行为较少，能较好地适应入学时遇到的困难。

对父亲形成安全型依恋的孩子，相对于只对母亲形成安全型依恋的孩子而言，表现出较好的情绪自我调节能力，具有较强的同伴交往能力，退缩行为最少。这说明，如果孩子能够与父亲建立起安全的、支持性的联系，孩子就能够在社会性发展和情绪控制能力方面得到益处。所以，父亲不仅在孩子发展的很多方面发挥着作用，而且对父亲的安全依恋，似乎可以补偿因不安全的母子依恋造成的情感伤害（[美]戴维·谢弗著，《社会性与人格发展》，人民邮电出版社，2012 年）。

在孩子的成长中，父亲角色的加入，能把孩子引向开放的外在世界，激起孩子与外界交往的兴趣，能使孩子感受到他人的友善，并获得对他人、对世界的信任感，逐渐减少对母亲的依恋，勇于探索不同的世界。在这里，提醒年轻的父亲们，请珍惜和孩子一起成长和玩耍的可贵时光，别总是以工作忙和没时间为理由，在孩子最需要你的时候，丧失了与他增进感情的机会。要行动起来，不做"缺失的父亲"，做一个让孩子能够"看得见的奉献者"！

父母随笔

第 2 章

培养孩子的社会能力

4岁的孩子不是靠组织化的学习和训练来发展社会能力的。他们是经由游戏、玩耍，甚至冲突、打闹等途径来发展社会交往及社会适应能力的，是通过对外界环境的适应，养成初步的公共素养和公共道德的。

在游戏中培养自信和社会技能

游戏是培养4岁孩子社会能力的最佳途径

　　游戏是孩子最喜爱的活动，也是互相交往的最好方式。你也许已有深刻的体会，4岁孩子的生理和社会性都得到了一定发展。而且，4岁的孩子开始体验到和小朋友一起游戏的快乐，开始了真正意义上的"合作游戏"。他们可以遵守游戏的规则，学会了合作，拥有共同的游戏目标，并能享受规则游戏所带来的乐趣，也知道照顾别人的情绪，学会适当的礼让。父母要保证孩子在外玩耍环境的安全性，从中发展孩子的社会能力。联合国《儿童权利公约》第31条第1款提出，要"确认儿童有权享有休息和闲暇，从事与儿童年龄相宜的游戏和娱乐活动，以及自由参加文化生活艺术活动"。

父母要鼓励4岁的孩子在一种与自己年龄相宜的状态里发展社会技能。相对于3岁的孩子而言，4岁的孩子在身体运动、认知水平、情绪发展，特别是游戏发展水平方面有了飞跃性的变化。他们更加热衷于各类运动游戏，有意识地发起和完成一些更高水平的假装游戏，而且能制定和享受规则游戏的乐趣。

这个时期的父母一定要理解和观察孩子的各种游戏状态，鼓励他们在玩耍中培养自信心和社会技能。例如下面这样的场景。

放学时，4个孩子刚从班级里接出来，就在幼儿园门口开始追逐玩耍起来，其中一个小男孩抢了另一个孩子手里的玩具，马上跑开了，边跑边回头喊着："来呀，快来抓我呀！"

如果此刻你是这个孩子的父母，你心里真实的想法是什么？

想法一：这孩子怎么能这样乱抢东西呢，真是不懂事！这让别的家长怎么看我？

想法二：要尽快逮住他，归还别人的东西。家里已经有很多玩具了，如果他还想要的话，我可以给他买啊……

但是，你有没有想到在这样一个貌似"失礼"和"冒失"的场景背后，暗含着多少孩子主动发起交往以及锻炼问题解决能力的机会。首先，抢走玩具的孩子，是以一种冲突性的方式发起"社交邀请"，邀请同伴和他来玩一个追赶游戏；而被抢玩具的孩子马上面临着一个"自我捍卫"的任务，要通过自己的行动去解决问题；其他的孩子作为旁观者，可以一起帮助被抢玩具的孩子讨回玩具，这里面就会有合作和共情能力的发展。他们可以在做出基本判断后，以自己的方式帮助被抢玩具的孩子解决冲突。这样，在这场冲突游戏中就锻炼了孩子的合作能力、换位思考的能力、共情的能力、分享的能力和积极倾听的能力等。而且，孩子调节情绪的能力也相应得到了锻炼。面对挑战者的调侃，被挑战者还要调整自己的情绪，学会控制内心的怒气，才能避免将一场嬉戏打闹上升为一场恶意打架，这对孩子的思维和情绪发展都是一次锻炼。

游戏是孩子进入成人社会的过渡方式和途径，4 岁的孩子喜欢用不同的游戏方式体验他们所观察到的社会角色和任务。例如，几个小孩子一起玩娃娃家的游戏，她们事先规定好谁是妈妈、谁是爸爸、谁是医生等角色。当妈妈的孩子手里抱着"娃娃"，边安抚"娃娃"边要求"爸爸"给她递一块毛巾过来，嘴里说着："快点去医院，宝宝生病了。"然后另一个扮演医生的孩子马上过来给"娃娃"做检查，大家一起照顾生病的"娃娃"。

这类场景在 4 岁孩子的群体中很常见，在这种假装游戏的扮演中，

Tips

如果父母只是站在自己的立场和角度看待孩子的打闹行为，看不到游戏背后所隐含的成长机会，就会严重干扰和破坏孩子的自信心和社会能力的发展。

孩子们将自己带入了不同的社会角色中，通过不同的角色扮演，孩子会将自己带入到不同的身份中，由此去体验不同社会角色的职责、感受和想法，进行换位思考、合作、沟通交流等方面的训练和发展，这是孩子将一些社会规则内化的重要过程。

此外，最重要的是，父母要认识到游戏对于培养 4 岁孩子的社会规则意识的重要性，父母要创设机会多鼓励孩子玩相关的游戏。许多 4 岁的孩子参与游戏时知道遵守轮流玩的规则，他们也清楚，谁不遵守规则就有可能受罚。而且在创建规则的过程中，孩子需要和别人一起制订计划、一起商讨，从而学会合作。为了遵守规则，孩子们玩游戏时常常需要自我控制。心理学家维果斯基认为，这种玩游戏的经验对于孩子形成社会性以及在社会生活中不违反规则的人格，具有决定性的意义。规则性游戏对于孩子社会能力的发展以及交往信心的建立都非常重要。

帮助孩子与他人交往

父母不能干扰或影响孩子的正常社交

不同性格的孩子在社会交往上会表现出明显的差异来，这是为人父母者必须时刻提醒自己的，千万不能因为自己认为孩子应该如何交往而干扰或影响孩子正常的交往。

例如，一些孩子对同伴感兴趣，对社会交往有热情，特别是对于新环境和陌生人都会表现出主动交往的行为；而有一些孩子则显得不爱交往，表现出害羞、退缩甚至害怕的样子。其实对于这两种交往类型的孩子，父母必须客观看待。任何人的交际性都是其气质类型的一个基本成分，在一定程度上会受到遗传基因的影响。有些孩子天生更外向，更爱交际，一些孩子则比较内向，但是，这些都不是人为能够改变的。孩子的交往类型虽然不同，但是在本质上并没有好坏高低之分，而且孩子的交际性通常都始于家庭，父母要帮助孩子和他人进行交往。

相信经过四年的养育，父母都已经清楚自己的孩子属于哪种性格类型。在自己的孩子和小伙伴一起玩的时候，请父母仔细观察你的孩子是如何发起互动的？又是如何回应互动的？例如，有些孩子常常发起和他人的互动，而且积极回应他人发起的互动。有些孩子和同龄人互动得好一些；有些孩子则和成人如老师互动得好一些；有些孩子不太善于发起和他人的互动，虽然他们会回应他人发起的互动；有些孩子喜欢自己玩，对和他人互动不感兴趣。不管你面对的是怎样的一个孩子，都必须提醒自己，每个孩子都不一样，要尊重每个孩子的个体差异，不能期望每个孩子都是外向活泼的。

做孩子社交的预约代理人或介绍人

即使你的孩子胆小不主动，也能交到朋友。这时，你要做孩子的预约代理人和介绍人，帮助孩子和他人交往。如果孩子只是不太善于发起和他人互动，父母可以做帮助孩子加入一项活动的介绍人，带动别的孩子与自己的孩子互动。例如，可以经常带孩子去有公园、操场和很多孩子的社区，这样孩子就会有机会和同伴交往。当孩子自己不能轻松地加入同伴时，父母最好能帮助孩子安排一些同伴间共同活动的机会，例如鼓励或带动孩子参加一些为儿童举办的活动，然后父母慢慢退出。

需要提醒父母的是，在选择幼儿园方面，要尽量给孩子选择那些环境友好、教师专业素质高的幼儿园，因为在一些高质量的幼儿园长大的孩子，他们在敏感的保教人员的悉心看护下会表现出积极的交往行为。学前教师和训练有素的保教人员提供的指导，对提高孩子的社会技能具有重要的作用。另外，孩子一般会对充满关爱、反应性强的老师形成安全型依恋，这会让他们与其他人交往时也显得积极外向。最重要的是，孩子因为在幼儿园结识的同伴越来越多，就会变得更加善于交际，与同伴在一起更加自如。

父母要帮助孩子邀请熟悉的小伙伴来家里玩，培养孩子主动交往的信心。父母可以和孩子提前商量邀请的对象，准备在家玩耍的活动及材料。比如，孩子们都喜欢玩水，可以给孩子准备一大盆水和几个类似的船、杯子。在参与和帮助孩子发展社会交往能力方面，重要的不是父母主动帮助和干预孩子交往的数量，而是干预的质量。因为在参与孩子的交往方面，特别是邀请其他小伙伴来自己家里做客时，经常会出现的情况就是，父母会不断地"主导"甚至"干扰破坏"孩子之间正常的交往，尤其是那些认为自己的孩子社交技能不够好的妈妈更容易打断孩子之间的游戏活动。例如，为了让孩子之间和睦友好玩耍，父母就会像直升机一样盘旋在孩子四周，确保游戏顺利友好进行，不发生大的冲突；一旦有特殊情况发生，父母便立即冲上去帮助解决，这对于孩子社交能力的发展极为不利。一定要给孩子一定的自由和信任，让他们玩自己的游戏，让他们自己解决冲突。

为了提高孩子的社交技能，平时父母要有意识地在家和孩子一起预习。比如，玩捉迷藏的游戏，去捉的这个人必须要静止在一个地方，不能偷看，等到他人藏好后，才可以去找藏起来的人。父母可以在家和孩子一起玩这个游戏，熟悉了规则后，等孩子再和别的小伙伴一起玩的时候，就会比较容易。再比如玩过家家的游戏，父母也可以在家和孩子一起玩，分配角色，理解这些角色都需要做什么。这样孩子和别人一起玩时，就会更好地理解规则、理解角色并执行这些角色任务。长此以往孩子会比较自信，说不定还可以担任分配角色的"领导"呢。父母和孩子多一点相处的时间，和孩子多一些这样的游戏时间，让孩子准备好与更多的同龄人一起游戏。正如皮亚杰说的，让孩子"透过玩各种游戏，即透过他们磋商计划的你来我往、解决争议、设下规则并执行规范、许下承诺和信守承诺，儿童得以了解社会规范，而这些社会规范则使自己得以与他人合作。这种了解的结果是，同龄人团体可以自我管理，其成员拥有自治、民主和道德思考的能力"。这对孩子的社会性发展大有好处。

从小培养孩子的公共素养

父母是培养孩子公共素养的一面镜子

4 岁的孩子是好奇的，对于日渐扩大的交往环境及不同环境里的规则，他们头脑中的疑问也是越来越多。父母可以从这些疑问开始，反复跟孩子说清"私人空间"和"公共空间"的不同，教会他们诸如"博物馆是大家共同活动的地方，不要因为我们的存在就妨碍他人""因为长途列车上有人需要好好休息，所以我们不能大喊大叫""图书馆的书在我们归还后，其他人还要继续借阅，最好能保护得完好无损""因为这个玩具只有一个，已经有人在前面玩了，所以要排队等待"等观念，这是礼貌和教养的重要内容。

在父母的解释下，让孩子清楚地知道不同环境和场合的要求是非常重要的，尤其是清楚"家里"和"家外"这两组概念。因为 4 岁孩子的世界才刚刚打开，需要慢慢地认识和适应外面的不同环境，父母作为最初的介绍者和引路人，要告诉他们在家门之外应该做一个什么样的人，奠定培养他们日后公共素养的基础。

在孩子一切行为习惯的养成方面，父母是最好的模范和镜子。父母带孩子出门在外时，时刻要注意自己的言行举止，给孩子树立最亲切真实的榜样，而不只是口头空洞的说教。另外，在带孩子出门去任何地方之前，一定要提前告诉孩子在不同地方应遵守的规则和要求，并用孩子能够理解的方式让他们明白原因。

例如，带孩子外出参加聚会或聚餐，要提前告诉孩子在餐厅中不能肆意喧闹和奔跑，因为餐厅是大家就餐和聊天的地方，喧闹会打扰别人，奔跑会伤害到自己。有一位爸爸这样告诉完孩子后，又补充一句："如果愿意，可以吃完晚饭专门带你去操场跑步玩耍，那里可以尽情地跑。"

除了提醒孩子要遵守基本的礼仪规矩，不能肆意打扰他人外，父母要教育孩子在外养成爱护公物、维护公共环境卫生的好习惯。例如，带孩子去科技馆、图书馆、展览馆等地方，提醒孩子在玩玩具时不能破坏材料器具，公共物品需要大家共同爱护珍惜。此外，对于公共环境卫生的维护，父母首先在公共环境中要举止文明，例如不随地吐痰，不乱扔垃圾，在一些封闭的公共空间内不随意吃东西，尤其当孩子想上厕所时，不能让孩子在公共场所内随地大小便，这些都是公共素养的重要部分。

教会孩子在公共场所的安全性

带孩子外出要做好一些安全措施，减少在公共环境中手忙脚乱的情况。世界上绝对没有比把孩子在家门之外弄丢更糟糕的事情了，但不幸的是这样的事情几乎每时每刻都在发生，而这也正是很多父母最容易忽视的公共教养规则。对于精力旺盛但又天生好奇的 4 岁孩子来说，带他们去的地方人越多，就越要提前做好一些预防措施。例如，要教会孩子在马路、停车场等场所确保安全的规矩。父母告诉他们在停车场必须要一直待在大人的身边，不能在停车场或有车的地方追逐乱跑，也不能拿着玩具在有车的地方边走边玩，更不能在停车场玩有潜在危险的躲猫猫等游戏。

4 岁的孩子在人群拥挤的地方很容易被淹没其中，脱离大人的视线，但他们又确实爱四处乱跑。因此，凡是带 4 岁的孩子去人多拥挤的地方，一定要提前告诉孩子如果走失后应该怎么做。告诉他们当发现自己和大人走散时，第一件事情就是先待在原地，不要乱跑，尤其不能跟着陌生人走。在长时间看不到父母的情况下，可求助身边穿制服的工作人员，如保安、警察等。当然，为防止走失的情况发生，父母最好在出门前就做好各种准备，如让孩子穿颜色鲜艳的外衣，便于在远距离的人群中寻找；也可以给他们佩戴腕表，监控他们的位置；个别情况下还可以为远行的孩子佩戴信息卡，藏在身体比较隐蔽的地方。当然，还需要让孩子记住家人的电话号码、家庭住址等重要信息，便于孩子在紧急情况下知道如何找到家人。这些都是培养孩子公共素养的重要内容。

父母随笔

第 *3* 章

如何使用家庭之外的资源

现代的孩子接触到的教育资源越来越多，令人眼花缭乱。例如各种形式的电子资源、丰富多样的公共文化资源以及日益盛行的旅游资源等。身为父母，应该如何帮助孩子在何时、用多少时间和用什么策略，有效地利用好这些资源呢？

谨慎使用电子资源

电子资源无时无处地充斥着孩子的世界

在当今社会，要让孩子完全和广告、商品、电子产品隔离，几乎是不可能的。可以说，现代的孩子从出生起就是生长在一个充斥着画面与人机互动的移动世界。因为，无论你带孩子走到哪里，虚拟的电子世界就跟随在孩子身后，超市、餐厅、博物馆、公园、动物园，飞机场、火车站，甚至就在你家楼下的便利店，到处都充斥着电子屏幕的宣传推广及广告。如何正确面对和使用这些媒介资源或电子资源，是当今每位父母需要认真考虑的问题。

4 岁的孩子离电子世界到底有多远？为认清这个问题，你可以回想一下孩子的生活：

在他很小的时候，你有没有播放一些电子音频给他听？

每天在家里，他暴露在电视机前的时间是多少？

在和孩子共处的时间里，你有没有经常使用手机刷微信朋友圈？

在幼儿园，你知道孩子都会观看哪些动画片？

孩子的玩具，你是否是通过电商给他购买的？

孩子和你索要的玩具，有多少是从电视节目或动画片中得知的？

如果对以上问题的回答，你的多数答案都是肯定的，那么说明你的孩子是成长在电子世界中的新一代，他们接受的信息、观念和兴趣爱好大多是在电子媒介的世界中养成的。在现实生活中，你可能会忽略掉这个重要的事实。因为，这个虚拟的电子世界是你所看不见、摸不着的，你每天生活在其中，虽然受它的影响，但常常忽略它对你的影响，更别说对孩子的影响了。

但正是这个虚拟的世界，会对成长中的孩子造成很大的影响，它正在塑造和影响着他们的未来。在电子媒介还没有如此大规模地影响我们的生活时，父母有更多的时间和孩子待在一起聊天、玩游戏、做家务，共度时光。没有电子产品的时候，孩子的睡前时间大多是在妈妈讲故事的声音中度过的，妈妈的声音、气息、触摸和拥抱是一种强烈的感官体验，对孩子的健康发展极其重要。

没有电子玩具的时候，孩子们多数玩的都是自己"发明"的玩具。例如，用木棍做成的刀枪，用棉花和布做成的娃娃，用泥巴捏成的小人儿等。这些来自自然的物品与儿童的天性有不言自明的默契和亲切感，对于发展孩子的感官体验和想象力都非常有益。但是今天，我们可以看见 4 岁的孩子拥有千元的 iPad、昂贵的手机或可携带的 DVD 播放器，以及自带各种功能的电子玩具，这些神奇的电子玩具使孩子逐步远离自然，远离自我发现的快乐，远离人与人交往的真实。

现实生活是 4 岁孩子社会化的关键途径

现实生活和实际的动手能力是 4 岁孩子社会化的重要途径。大教育家杜威曾提出"教育即生活""社会即学校"以及"在做中学"等口号，呼吁父母要大胆鼓励孩子通过真实的生活、通过自己的双手发现自己和塑造自己。鼓励孩子在真实的社会生活中、在人与人真实的交往过程中，结识美丽的世界。今天的年轻父母又该怎样应对呢？我们生活在高科技的世界里，孩子们必须学习使用电子资源，使用科技，如何谨慎有效地利用电子资源，让它们变成孩子成长中的正面促进因素，而非负面的隐患因素，这是父母需要认真思考的问题。

　　首先，父母要时刻提醒自己，在 4 岁孩子的成长中，真人互动远比人机互动对孩子有益，而且很多的电视节目或人机互动游戏并不能让孩子变得更聪明。现在社会上开发出很多针对低龄孩子的产品，"早期教育越早越好""教育不能输在起跑线上"的普遍认知催化了这一现象，多数宣传都鼓吹教育性，能提高孩子智力。但是多年来的研究显示，这样的宣传其实没有科学根据。美国儿童早教市场曾经开发出的《小小爱因斯坦》《芝麻街》等教育类电视节目，据不完全统计占据了美国 90% 的幼儿媒体市场，每年获利约 2 亿美元。但是，根据华盛顿大学研究团队的跟踪考察显示，观看过该类节目的学龄前孩子在 8 ～ 16 岁时，反而比没有观看过此类节目的孩子，在语言发展标准测试中的分数更低。

　　研究者同时提醒父母，电子产品不能代替一对一的交流给孩子带来的益处。父母不能迷信电子产品，更不能沉迷于电子产品，而是要重视真实的生活环境尤其是真实的人对孩子成长发展的重要性。父母如果对电子产品期待过高、依赖过深，就会把原本属于自己的责任和优势转借给机器，影响孩子的发展。明智的父母会有选择地利用电子产品，但是更多的时候，他们会自己给孩子读书、和他们讨论问题、玩游戏、做手工。这一切都有利于建立亲子的情感连接，不仅可以促进孩子的智力发展和情感发展，更能促进他们的社会性发展。

为孩子展示知识的世界

丰富孩子与大自然的联系

　　4 岁的孩子是个装满"为什么"的大问号，对什么都充满好奇和探究欲，但同时又深受感官指引。著名的教育家福禄贝尔、蒙台梭利、杜威等人始终提倡真实世界对于幼年孩子认知发展和社会性发展的重要性。杜威说过，"一个人要通过感官的途径把事物的特征铭刻在脑子里。接受了许多感官印象后，通过联合某种智力的能力，它们联合成为观念，成为有意义的东西。一件东西、一块石头、一个橘子、一棵树、一把椅子，传达不同的颜色、形状、大小、硬度、嗅觉、味觉等印象，这些印象集合起来构成每一件东西特有的意义"。一件事物正是有了这样的意义，也就是说产生了与人之间的真实的关联之后，才能对人的认知和社会性产生真实的效果，因为"如果事物对我们来说是有意义的，我们做的事情就是有意义的、有意识的、有目的的；如果它们没有意义，我们的行为就是盲目的、无意识的、没有理智的"（《民主主义与教育》，[美] 杜威著，人民教育出版社，2001 年）。4 岁孩子兴趣的产生需要真实的生活感受，明智的父母要根据孩子身心发展的需要，带领孩子开拓身边的环境和潜藏的资源，丰富他们与世界之间的联系。

大自然是孩子最亲密的朋友和老师，父母要多和孩子深入到大自然中去。要满足孩子对外部世界的好奇心，光在家闷着是肯定不行的，要多和孩子去大自然中一起寻找答案，并发现新的问题。如前所说，电子产品环境下成长的孩子在生活中缺少与自然的接触，他们对外部世界的感知和了解也大多来自于媒介设计和宣传的结果，正如《林中最后的小孩》作者所说的那样，"很多孩子能告诉你有关亚马孙热带雨林的一些知识，但却无法告诉你上一次他们在荒僻的林间探索，或者躺在田野上听风吹的声音、看云朵飘过是什么时候"。现实大致如此，很多人会发现，现代的孩子可能比父辈们在童年时代学到更多的知识，比如自然知识、宇宙知识和地理知识，但这些知识多数是人为加工和生产的借鉴性知识。很多孩子也许能说出天体中星球的运行、星云团的形成，但他们却很少有机会躺在大地上凝望满天的繁星。很多孩子知道动物的构造和种类，但他们却从未聆听蟋蟀的鸣叫，以及在某个安静的时刻和小昆虫深情对视的回忆。

天地有大美而不言，自然总是能给孩子们一个更为广阔丰富的世界，这既不同于父母能给予的亲情世界，也不像电子世界那样在一副温情面孔下偷走孩子的天真与幻想；大自然也总是能以意想不到的效果丰富孩子的精神世界，让他们从中获取生命的力量。惠特曼说："一个小孩问什么是草？他捧着一捧草来到我的跟前。我该怎么回答？我知道的一点也不比他多。"

除了大自然以外，父母也要创造机会多带孩子去博物馆、天文馆、文化宫、展览馆等可以接触更多外部世界的地方。但是，带 4 岁的孩子去这些传递人类知识的地方，别把目的定得太具体、太功利，破坏孩子自然求知的兴趣。博物馆、艺术馆、展览馆等地方，尤其是一些专门针对儿童主题的博物馆，都是经过精心设计为人们介绍和传承文化的场所，在实物布展和细节设计上越来越注重低龄儿童的参观需求和兴趣，展出的实物适合孩子们具体形象的思维特点，有助于他们在具体实物和抽象概念之间建立联系。

在引导孩子接触博物馆等地方的时候，父母的作用至关重要。对于参观地的熟悉了解、被参观对象的了解，以及孩子可能会对这些地方发生哪些兴趣，父母都需要谨慎而敏感地对待。不能强迫孩子去博物馆这类地方，更不能像考官一样不断地拷问和监视孩子；而是要像一位耐心的向导一样，循序渐进地引导孩子慢慢爱上博物馆。下面是一位年轻爸爸的亲身感悟。

天气变冷了以后，我们就和宝宝商量每个星期日选择一家博物馆去参观。第一次向他提出这个想法，就遭到了他的"抵触"。

"爸爸，我不想去博物馆，没有意思！"这是宝宝得知我们要安排参观博物馆后说的第一句话。

Tips

大自然里蕴藏着无限的教育生机，要尽可能地让孩子接近自然，在大自然中生活，并在大自然中锻炼身体和磨炼意志。

　　我并没有立刻向他讲博物馆的好处，而是笑着说了一句："随你吧！"因为我知道，这个时候是绝对不能让孩子的抵触情绪升级的，一旦抵触情绪升级，孩子就会对家长的安排产生逆反心理。

　　宝宝转身继续看他的动画片，我也没有继续劝说他，而是盘算着怎么把他"骗"走。想好了，就开始给小家伙"下套"了。

　　"请你把电视机的声音关小一点儿，好吗？别影响别人睡觉。"

　　"大白天的，谁睡觉呀？"宝宝可不服气了。

　　"美国的小朋友啊，这个时候，美国可是黑夜，不是白天。"

　　"你是怎么知道的？我不信！"

　　"爸爸小时候特别喜欢去天文馆，知道了地球是圆的，知道了这个时候美国是黑夜，还知道很多星星的事情呢。"我开始"下套"了。

　　"那我也想去天文馆，行吗？"

　　"那有什么不行呢？天文馆里有很多星星的模型，你可以在那里随便看、随便玩。你确定要去吗？"

　　"我决定了！"宝宝特别坚定地说。

　　我一边和宝宝收拾房间，一边把天文馆里的内容告诉了他，吸引着宝宝的兴趣，就这样，宝宝走进了天文馆，走进了一个充满了天文知识的世界。

　　对于平常难以接触到博物馆、展览馆、图书馆等社会文化资源的父母，也不要为此烦恼，要客观地认识公共文化资源这件事情，尽量去发现和挖掘自己身边的文化资源，带孩子融入其中。比如，在很多农村地区，父母可以结合自己生活中的祠堂、文化广场、文化仪式等资源，开展对孩子的教育。

Tips

带 4 岁的孩子去博物馆前，既不能对孩子把博物馆说得太明白，也不能敷衍了事，要在对话中使用诱惑性的语言刺激孩子的兴趣，让他有一种"想去了解"的冲动。

带孩子去旅游

带孩子去旅游：扩大孩子的生活环境

杜威说，有意识的教育就是一种特别选择的环境。为了让环境更好地与孩子的成长结合起来，教育者要时刻想着让环境成为一种教育资源，而且要成为最有益和最恰当的资源。对此，杜威对孩子成长的环境提出三点意见：一是要简化环境，二是要优化环境，三是要扩大和延展环境。

简化环境，就是要尽力排除现存环境中的不恰当因素、干扰因素、破坏因素，以免影响孩子的心理习惯。优化环境，就是要根据孩子身心发展的需求，改造和利用已有环境的有利因素，促进孩子最大限度的发展。扩大环境，就是要多带孩子外出、让孩子尽早多接触外界，积累人生发展的素材。

4岁的孩子多数都有外向性的探索欲望，从这个阶段开始，父母可以有意识地带孩子外出旅游，体验不同地方的风土人情，让孩子拥有阅历丰富的童年，有助于促进其智力发育，增强记忆力和想象力，锻炼社交能力，让他们终身受益。

带孩子外出旅游的 N 条原因

父母为什么要多带4岁的孩子外出旅游？因为这个阶段的孩子是充满求知欲的，他们的小脑袋想了解事物、发现事物，想要获得更多与外部世界发生关联的机会。任何新奇的环境，对他们来说都是充满吸引力的。旅行对他们来说是一种最好的、最直观的方式，让他们看到真实的世界、真实的生活。尤其是在和自己从小生活的文化具有差异性的文化环境里，孩子可以观察和体验不同地域、不同信仰、不同文化、不同风俗的人们的真实生活，这不仅能拓展他们的多元世界观，而且可以让他们对自己所处的文化和习惯有更清楚的认知。比如，跟着父母去了不同的民族地区，看到不同地域、不同民族人的生活，他们就会知道原来自己的国家是一个由多民族成员组成的国家。生活在不同的地域，人们的生活习惯、语言、服饰、饮食、住房等都会有明显的差异，这些感知能够极大地丰富他们的多元文化观，比起父母给他们口头讲述的民族风情、国家地理知识更适合于他们的接受程度。

再比如，现在有很多父母带孩子出国旅游，让他们感受不同国家的地理风光和文化特色，在旅行中孩子自己能够发现很多有趣的差异和对比，并且由此产生很多的疑问。如为什么地球上不同地方的人会有不同的肤色和头发，会讲不同的语言？不同国家飞机场的广告牌上面的文字为什么千变万化？不同地方的气候温度、建筑物为什么不同？这些对于打开孩子的眼界，激发他们的兴趣，都有很大的帮助。

因为能够和父母一起外出旅游，在出发之前，孩子能和父母一起预习当地的风土民情，一起预订酒店、设计旅行路线等细节，这对于孩子的自主性和独立性都大有裨益。而且，旅行中充满的各种惊奇和偶遇，都会在无形中教给孩子解决冲突以及与人相处的技能和能力，使他们以独特的方式学会解决问题，处理与家人、朋友、陌生人之间的矛盾和冲突，寻找各种解决办法并考虑结果，并且能够理解别人的感受。孩子在年纪尚小的时候如果学会与各种不同的人和睦相处，长大后定能成为一个社会能力强、充满自信的人。

父母随笔

附　录

4～5 岁孩子各领域发展及成人指导简表

这份简表展示了 4～5 岁的孩子在各领域的发展概要。请谨记，不同孩子的发展速度存在很大差异。这些发展情况以及成人指导也许并不适合于个体儿童和家长，但作为整体，这份简表反映了某一年龄段孩子发展的顺序。

发展领域	成人指导
运动能力 ● 可以用单脚蹦跳 ● 自如地骑自行车或驾驶机车玩具 ● 轻松地跑步、加速和停止，避开障碍物 ● 能够用粘土捏出不同形状和物品 ● 有目的地画画和上色	● 当孩子自发地唱童谣、念顺口溜和猜谜语时，成人要及时赞扬回应并加入 ● 大声地为孩子朗读，鼓励孩子表达

发展领域	成人指导
认知能力	● 每天陪孩子进行半小时左右的大强度体力活动
● 能够按照一定的标准排列	● 随着孩子的成长和发育，时刻注意新的安全风险出现
● 一些孩子开始阅读书上简单的字句	● 确保孩子骑自行车或溜冰时，穿戴好头盔和护具
● 理解日常生活秩序	● 购买玩具时，一定要检查玩具的安全性
● 看图画时能够察觉并指出缺失的部分	● 选购带有可移动盖子的玩具储物箱，防止孩子被掉落的盖子困在箱子里
语言能力	
● 大多数情况下能正确地使用介词	
● 说话时会提及不在场的人物、行为、事件和物品	
● 自己能够唱出简单的歌曲和旋律	
社会性 / 情绪能力	
● 活泼开朗，对人友好，有时可能会过度热情	
● 与想象中的玩伴进行交谈，分享强烈的情绪	
● 能与他人合作，参加团体活动和角色扮演	
● 试图独立做事，可能会因为挫败而突然发怒	
● 与玩伴建立起亲密关系	

后 记

　　历经两年的研发和改进，《N 岁孩子　N 岁父母》这套"家庭·家教·家风"教育丛书的第一辑（0 ～ 6 岁分册），终于在课题组和研究团队的共同努力下完成了，无尽的激动、喜悦、期待与感激萦绕在每一位参与者的心头。

　　"这套书就像我们的孩子一样！"这是团队成员在研发和编写的过程中最常吐露的心里话。之所以会有这样的感触，源于团队成员始终坚持并期待的研发目标——回归。

　　回归科学的发展规律。儿童的发展就像一颗种子，自孕育开始，就有着自身既定的成长轨道和方向，不会因为一味地给予、爱与自由而变得简单，也不会因为各种实验、测试、考察而变得复杂。我们只崇尚最客观、最关键的发展规律和特点，看到儿童发展的核心本质与真实状态，尊重每一个独特而美好的生命。

　　回归家庭的教育功能。家庭是生命之初的整个世界，它不会因为贫穷、简陋而变得冰冷难耐，也不会因为富有、奢华而发出万丈光辉。我们只坚持让孩子能够在稳定、积极、和睦的环境中成长，只要求父母的尊重、关怀、包容、引导，并以身作则，而无关金钱的投入、机构的熏陶。

回归日常的点滴生活。一只小虫足以让孩子兴奋一整天，一个故事足以让孩子畅游一段童年，孩子的一颦一笑、一举一动都是生活百态的滋养。我们只期待孩子能够在自然、有趣的游戏和陪伴中度过每一天，在生活中发现、探索、收获、成长，也期待家长朋友们能够从孩子的点滴变化中收获为人父母的惊喜与感动。

回归文化的自信与包容。活泼好动地到处探索或安静内敛地阅读绘画，对孩子来说，这都是他们独一无二的性格特征。同样，在万圣节身着奇装异服要糖果，或在新年张灯结彩地迎新春，对孩子来说，这些都是他们从未见过的节日景象。我们只希望在本土家庭中成长的孩子，既有着东方传统气韵的自信，又有着包容万象文化的胸怀。

希望这套丛书不仅可以成为家长们的育儿手册，还可以成为家长们的自我成长手册；不仅可以成为儿童教育养育的参考指南，还可以成为家庭教育本土化的探索与积累。

这套丛书是团队集体智慧的结晶。感谢中国教育科学研究院的王晓燕助理研究员、著名编导田禾老师、西北师范大学的瞿婷婷博士、资深

编辑李丹丹老师和家庭教育热心关注者李莉老师的倾心参与；感谢海淀
区社区教育专家组成员、原北京市清河小学和中学校长、高级教师沈亚
清老师对开发工作的细心指导；感谢北京城市学院蔡永芳博士、日本御
茶水女子大学儿童学专业博士卢中洁提供的资料支持；感谢北京市燕山
地区高级教师左玉霞、燕山地区幼儿园、北京师范大学幼儿园、空军装
备研究院蓝天幼儿园对问卷、访谈等工作的高度支持；感谢参与调研的
数百名家长朋友们的真实讲述；感谢课题组史篇、邹文馥、王颖、金菁
等成员对材料、资源的搜集与整合；感谢现代教育出版社陈琦社长、李
静主任、赵延芹编辑；感谢写作前期参与调研的 600 名家长和 100 名幼
儿园老师。感谢为这套丛书的出版出谋划策的每一个人！

特别感谢甘肃忠恒集团的董事长房忠先生，给丛书的开发提供全
面的支持，还要感谢北京师范大学文化创新与传播研究院的各位同仁，
给了我默默的支持和帮助。

尤其幸运的是本丛书得到了北京师范大学家庭教育开创人赵忠心教
授的推荐作序，还有北京师范大学著名儿童教育专家钱志亮老师对本书
价值的大力肯定与隆重推荐。

最后感谢《N 岁孩子 N 岁父母》这套书的每一位阅读者！希望大
家提出宝贵意见，我们会在适当的时候对丛书的内容进行修改，并相
继推出第二辑（7 ~ 12 岁）、第三辑（13 ~ 18 岁）的指导手册。

　　希望家庭教育能够得到更多人的关注与支持，祝愿每个孩子都能健康、快乐地成长，每个家庭都能变得更加和睦、温馨！

尚立富

2017 年 3 月 15 日